JN126842

なるほど
マル経

時の流れを読む経済学

鳥居伸好［著］

桜井書店

まえがき

　「マル経」といっても、今ではなかなか通じないかもしれません。マルクス経済学を「マル経」、近代経済学を「近経」と呼んで、どちらに軸足を置いて学ぼうかという選択肢があったのは、今は昔の話になりました。マルクス経済学の存在感が薄れてきている今日において、なぜ今マルクスなのかが問われています。その問いを意識して付けたタイトルが、「なるほどマル経」であり、「時の流れを読む経済学」です。

　本書のタイトルを、マルクス経済学ではなく、「マル経」にしたのは、存在感が薄れてきたマルクス経済学を身近に感じていただきたいという思いからですが、「なるほど」と付けたのには、それなりのわけがあります。

　私事になりますが、大学院生相手の授業の中で、質問にたいする説明を終えるたびに、「なるほど」と相づちを打つ学生がいました。説明内容に納得して、その都度「なるほど」と相づちを打ってくれるのは、非常にありがたく、マルクス経済学も捨てたものではないと思える瞬間でしたが、その相づちには、いささか抵抗感を覚えることもありました。「なるほど」という相づちには、「よくわかりました」という、感謝と感動の気持ちが伝わる「なるほど」がありますが、「確かに」「そうかもしれない」という、ぶっきらぼうな印象を与える「なるほど」もあります。院生の「なるほど」は、どちらかといえば、後者でした。それは、仲間内で交わされるような、「なるほど、キミの意見は意見として聞いておくよ」というニュアンスでの表現に似ています。そこで、数回の「なるほど」の後に、思いあまって、院生には次のようなことを告げました。「教わる人にたいする相づちは、乾いた感じのする〈なるほど〉よりも、〈おっしゃる通りです〉、〈わかりました〉という、誤解を与えない表現の方が、より適切かもしれません」、と。当の院生は、「なるほど」が口癖だったようで、非常に恐縮していましたが、それ以来、「なるほど」という言葉への妙な愛着がわいたことが、タイトル設定につながっています。ぶっきらぼうな、乾いた感じのする「なるほど」があるかもしれませんが、本書のタイトルに込めた思いは、目を輝かせて発する「なるほど」になります。

本書は、経済学の学術専門書としてその内容を世に問うのではなく、専門家であっても、また初めて経済学に接する初学者であっても、「なるほど」と相づちを打ちたくなるような読み物としての役割を担うことをねらいとしています。マルクス経済学に関する書物の多くが、マルクスの『資本論』を拠り所にしているように、本書も、『資本論』を基礎にして話を展開しています。しかし、『資本論』に基づきながらも、どのような読者にたいしても、「なるほど」と納得してもらう説明を心掛けましたので、必ずしも『資本論』に固執しないところがあります。また、マルクス経済学のエッセンス（真髄や重要な部分）を、なるべく「わかりやすく」しかも「なるほど」と納得してもらうために、マルクス経済学の内容を自分なりにデフォルメした部分もあります。そのため、マルクス経済学の専門家からは、「それは違う」とダメ出しを受けることは覚悟のうえです。ダメ出しをあらかじめ予想して、そのショックを和らげるという防衛本能が、マルクス経済学ではなく、少し斜に構えて、「マル経」というタイトルを付けた遠因となっているのかもしれません。

　タイトルに関するこだわりは、副題についても当てはまります。副題の「時の流れを読む経済学」は、マルクス経済学をそのように捉えることができるという、自分なりの「マルクス経済学観」を示したものです。なぜマルクス経済学が「時の流れを読む経済学」なのか。その点をまず説明しておくことが、本書を読む際の「導きの糸」となるかもしれません。しかし、ここでその説明を試みるよりも、むしろ本書の中で、その真意を読み取っていただいた方が、「時の流れ」の読み方を実際に身につけていただける方法として適切ではないかと考えました。そのため、「まえがき」では、あえて副題の説明を省きます。ただ、1ついえることは、「時の流れを読む」ためには、時の流れに流されないブレない「軸」が必要だということです。本書が、そのブレない「軸」形成のための、また「時の流れを読む」ための一助となることを願っています。

凡例

　マルクス経済学の主要な内容および論点について、専門家から初学者まで幅広い読者を念頭に置いて、できるだけやさしく、わかりやすい説明を心掛けましたので、その方針にそった「きめごと」を「凡例」として示します。

1. ——設問形式を取り、それに答えるかたちでの項目設定を行っています。

2. ——各項目は、関連する内容に鑑みて、〈Ⅰ〉から〈Ⅹ〉の大項目でまとめてあります。

3. ——設問にたいする答えの内容を一言で示すために、各項目の最初に［一言］欄を設けてあります。

4. ——各項目は、区切りを明確にするために、本書1頁分か2頁分に収まるよう、字数を調整しました。

5. ——マルクス経済学を「マル経」と表記した経緯は、「まえがき」で示してありますが、字数を調整するという技術的な問題からも、「マル経」という表記にしました。

6. ——項目内でのマルクス『資本論』からの引用文は、必要に応じて省略箇所には、（中略）を入れてあります。また、引用箇所は、一般的に普及している現行版『資本論』で確認できるように、『マルクス・エンゲルス著作集（全集）』ヴェルケ版の原典頁を「S.」、新日本出版社版の分冊（例えば、第2分冊を②）と頁を「②p.」として、引用箇所を示します。

　『資本論』第1巻、第2巻、第3巻は、それぞれ「KⅠ」、「KⅡ」、「KⅢ」とし、引用に際しては、『資本論』第1巻で、新日本出版社版第2分冊であれば、（KⅠ,S.○,②p.○）と表記します。

7. ——『資本論』以外のマルクス「草稿」からの引用については、「草稿」研究のような専門領域に踏み込む場合に、引用箇所を確認しやすくするために、新『マルクス・エンゲルス全集』（新MEGA）からの引用を、例えば、第2部　第4巻　第2分冊　337頁からの引用であれば、MEGA.Ⅱ/4.2,S.337と表記します。

目次

I

【1】マル経の特徴は、何ですか。

🗨 **一言** マル経の特徴を示すキーワードは、「経済学批判」、「歴史」、「哲学」、「労働」、「人権」です。

　マル経は、カール・マルクス (1818-1883) の経済学を拠り所にしていますから、まずはマルクスの経済学の特徴を考えてみます。マルクスの経済学の特徴として、まず第1にあげられるのが、「経済学批判」です。マルクスの主著『資本論』の副題が「経済学批判」となっていることからも、そのことがうかがえます。ただ、「批判」といえば、「非難する」、「攻撃する」というイメージがありますから、マルクスやマルクス経済学者は、資本主義を「攻撃する人」、他の経済学者を「非難・攻撃する人」と捉えられがちかもしれません。しかし、学術的な「批判」とは、そのようなものではありません。「批判」は、その対象となるもの、例えば、資本主義であれ、資本主義擁護の経済学であれ、まずはその内容を徹底的に理解することからはじめます。資本主義をはじめから色メガネで見て否定的に捉えるとか、検討対象となる経済学をはじめから否定的に捉えるということはありません。まずは肯定的に理解するように努めます。それでも不可解な点、おかしな点があれば、その点がなぜ不可解なのか、また否定的側面があるとすれば、なぜそのようなことが生ずるのかを考えます。否定的側面が生ずる必然性を明らかにするとともに、自身の考えを対峙させて展開することが、「批判」になります。

　マルクスが「批判」の対象としたのは、資本主義や資本主義の経済的動きを考察対象とする経済学でした。経済学の父といわれるアダム・スミス (1723-1790) は、当時の重商主義的政策を「批判」の対象として資本主義の経済的運動を分析し、経済学の体系化を試みていますが、アダム・スミスを含めて当時の多くの経済学説がマルクスによる「批判」の対象でした。マルクスは、その多くから学び、その多くの不可解な部分の発生の必然性を明らかにしつつ、資本主義における経済的な動き、あるいはその法則性の解明を試みました。この「批判」を行う際の見方や考え方（視点）に、マル経の特徴が示されます。

　「批判」の対象となる資本主義の発生・発展・変化の必然性を明らかにすることが目的ですから、マル経には歴史的な視点が入ります。また、社会や人間も含めて、「存在するもの」の動きの発展・変化を捉える方法として、「弁証法的方法」を用います。このように、歴史的な発展・変化を哲学的手法を用いて解明することも、マル経の特徴になります。しかも、経済活動には欠かすこと

のできない労働を重視する視点が、歴史や哲学、さらには人権を結ぶ「軸」になります。「人間疎外」や「労働疎外」からの解放による、人間の基本的人権の全面開花を目標とする経済学としての特徴は、まさに労働重視の視点から生じます。

　資本主義は、人間が生み出した商品や貨幣、資本という「物」が、「物」として自立し、人間と対峙して人間を振り回すという「人間疎外」を生み出します。また、資本の運動の過程で、労働の担い手は、疎外された労働を強いられます。「人間疎外」や「労働疎外」は、資本主義のもとでの精神的貧困を生み出しますが、このような問題は、「人間疎外」や「労働疎外」からの「解放（＝人間解放）」によって、最終的に解決されます。この点を問題とするマル経は、「人間解放」のための経済学としての特徴を持ちます。人間の基本的人権を抑圧する状態からの「解放」ですから、人間の基本的人権を最大限に保障することをめざして資本主義経済を分析する経済学ともいえます。

　マル経は、人間の労働や基本的人権という普遍的な基準を「軸」として、人間社会の歴史的な発展・変化を、哲学的な手法を用いて解明することを目標としていますから、このことが、「時の流れを読む経済学」たるゆえんとなります。学問上の裏付けを持った歴史観や哲学的方法、人間社会を見る際の「軸」のブレない視点に基づいて、その時々に直面する経済の動きを分析し、経済的な運動法則を明らかにすることが、「時の流れを読む」ことにつながります。

　「時の流れを読む」ための歴史認識と人間社会の発展法則については、つぎの項目【2】で、そのための哲学的方法については、項目【3】で検討します。また、項目【2】【3】と関連する、資本主義の発展・変化を促す資本主義の基本的矛盾については、項目【4】で、その内容を検討します。項目【2】【3】【4】を踏まえて、項目【5】では、資本主義の先にある社会についても言及します。項目【2】〜【5】の検討では、「時の流れを読む」ための見方・考え方とそのための哲学的な方法や「時の流れ」の方向性を示しますが、その具体的な内容の検討は、項目【6】以降の課題になります。具体的にどのように「時の流れを読む」ことができるのかは、項目【6】以降の諸項目において具体的に示されます。

【2】マル経は、なぜ「歴史科学としての経済学」と いえるのですか。

 人間社会の発展法則の解明によって、 歴史を経済的側面から科学的に捉えることができます。

　人間社会の動き（歴史的な発展）を考えるうえで、経済は、重要な意味を持ちます。人間が生きてゆくためには、衣食住が不可欠ですが、そのための生産・分配・消費の動きが経済です。衣食住に関わる消費で人間の暮らしが成り立ち、消費する「物」がどのように分配されるかによって、消費の内容が決まります。また、分配を決める人間関係は、生産に関わる人間関係の影響を受けます。このように、分配は生産によって規定されますから、まずは生産とは何かが問われます。

　生産は、土地、建物、道具などの労働手段を使って、労働の担い手が材料などの労働対象に働きかけ、新たな生産物を生み出す人間の活動です。その際に、誰が労働手段や労働対象などの生産手段を所有するのか、労働の担い手がどのように生産手段と関わるのかが問題となります。生産手段の所有関係と労働の担い手との関わりが生産をする際の人と人との関係になり、その生産関係が人間社会の生産の仕方に関わりを持ちます。また、道具や機械、生産方法などの生産力に関わる生産の仕方もあります。マルクスは、生産関係によって示される生産の仕方と生産力に関わる生産の仕方の組み合わせによって、様々な生産様式があること、そして、その生産様式の変遷（歴史的な発展・変化）に法則性があることを解明しました。

　原始共同体や奴隷制、封建制、資本主義などの経済構造を形成する生産様式は、一定の生産関係のもとで生産力が高められる反面、その生産関係が生産力拡大の制限要因となって新たな生産様式への転換を促すというように、人間社会が発展・変化するという法則性が示されます。この生産様式の発展・変化に見られる人間社会の発展法則は、次ページの［図］のように表すことができます。

　［図］に示されているように、各生産様式を特徴づける生産関係が、社会を発展させる基盤となる生産力を増大させる一方で、しだいに生産力の拡大にとっての足かせ（制限要因）となり、新たな生産関係によって生産力拡大を促す体制変革へと進みます。生産力は、人間社会の発展度を示す指標になりますが、最終的には、量的な生産力の拡大ではなく、質的な発展が問われることになります。

[図：人間社会の発展法則]
人間社会の発展・変化＝生産様式（生産関係と生産力によって規定される経済構造）の発展・変化

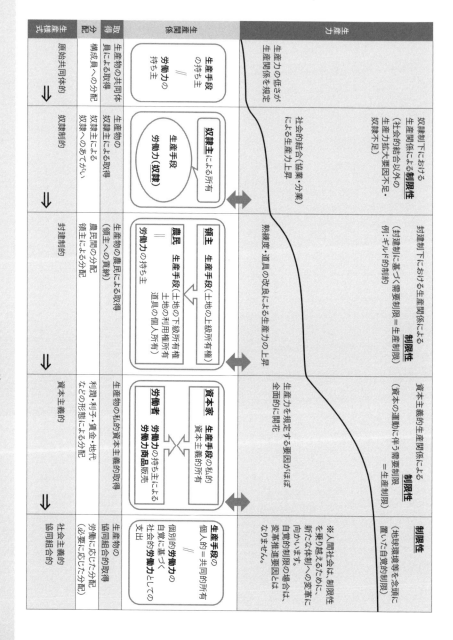

【3】弁証法的方法と経済学とは、どのように関係するのですか。

 弁証法の特徴は、物事を「発展するもの」と捉える見方・考え方です。

弁証法というと、どのような法律なのかと思う人がいるかもしれませんが、弁証法は、法律ではなく、哲学的な思考方法になります。弁証法といえば、ヘーゲル（1770-1831）が有名です。ヘーゲルの弁証法は、観念論的弁証法ですから、唯物論的な弁証法を特徴とするマルクスの弁証法とは異なります。その違いは、例えば、ヘーゲルの場合は、神や国家の存在が前提になりますが、マルクスの場合は、人間の存在を前提にして、神や国家を捉える点に示されています。それは、国家があって国民があるのではなく、国民あっての国家という捉え方の違いです。

経済は、人と人、人と「物」との関係を問題としますが、人の存在があって「物」との関係が成り立ちます。また、そのような人と人、人と「物」との関係が、人間社会の発展にどのように関わるかが問題となります。その問題を解く場合に、物事の本質と現象、抽象と具体との区別と関連を明らかにすることが、弁証法的方法の1つの特徴になります。さらに、矛盾による自己運動として捉えられる発展・変化、量から質への転化にみられる発展・変化、否定の否定による発展・変化に関する見方・考え方に、弁証法的方法の特徴が示されます。

マル経の場合は、資本主義の分析や運動法則の解明、あるいは体系的な理論展開の仕方が、弁証法的方法に基づいて試みられていますので、具体的に弁証法がどのように適用されるのかは、項目【6】以降の関連する諸項目において、その都度確認することになります。ここでは、弁証法的方法がどのように活かされるのかを、簡単な例をあげて示すことにします。

弁証法では、本質と現象、抽象と具体との関係を明確に把握することが問題となります。例えば、地動説と天動説との関係も、本質と現象との関係として捉えることができます。太陽は東から昇って西に沈みますから、見たままでは、太陽が地球の周りを回るように見えます。これが現象です。しかし、本質は、それとは逆です。地球が自転していることは、誰でも知っていることです。このような、今では誰でも知っている本質的な内容の探究には、科学が必要とされました。このことは、マル経が取り組む課題とその役割にも当てはまります。目に見える商品の価格（現象形態）を分析して、目に見えない商品の価値（本質）を導き出し、価値（本質）と価格（現象形態）との関係を明らかにすること

が、マル経の課題となっています。物事の本質は、抽象的なものですから、往々にして目には見えないことがあります。目に見えない価値（本質）を探り出し、それが必然的に価格という、目に見える現象形態をとることを明らかにすることに、科学としての経済学の一端が示されます。同じような関係は、労働力商品の価値（本質）と賃金（現象形態）、資本の増殖分としての剰余価値（本質）と利潤（現象形態）にも当てはまります。

　弁証法的方法による見方・考え方は、物事を発展するものとして捉えるあらゆる事柄に応用可能です。例えば、互いに排除し合う対立物の統一（矛盾による自己運動）による発展・変化を、人間の発展・変化である「成長」として考える場合には、「人間は、葛藤をしながら（悩みながら）成長する」という考え方になります。葛藤や悩みは、まさに内なる「互いに排除し合う対立物の統一（矛盾による自己運動）」ですから、それが、「人間の成長だ」と考えれば、悩みが「苦」ではなくなるかもしれません。量から質への転化は、例えば、温度（量）の変化が、マイナス10℃の場合に氷（固体）であったものが、0℃を超えると水（液体）になり、100℃を超えると水蒸気（気体）になるというような、質的変化をもたらす場合の捉え方につながります。社会の発展に関していえば、社会の変革主体の量的な蓄積が社会変革という質的変化を生じさせることになります。また、否定の否定は、歴史的にみられる自己労働に基づく個人的所有の否定により、資本主義的私的所有が生み出され、その否定が共同的な個人的所有（社会の発展的所有形態）を生み出すという捉え方になります。それは、Aの否定がBで、Bの否定がA′となることですが、同じAへの回帰でありながら、そこに質的・量的変化が示されます。

　矛盾による自己運動としての発展・変化という弁証法的なものの見方は、資本主義の発展・変化を考えるうえでも、応用可能です。人間社会の発展法則を、生産関係と生産力との関連で示しましたが、資本主義の発展・変化は、資本主義的な生産関係と生産力との関連から導き出される資本主義の基本的矛盾と不可分です。この資本主義の基本的矛盾については、つぎの項目【4】で詳しく検討します。

【4】資本主義の基本的矛盾とは、どのようなものですか。

 恐慌や世界金融危機は、
資本主義の基本的矛盾の現れの一形態です。

マル経は、弁証法的方法に基づいて、「矛盾による自己運動」と関連させて人間社会の発展・変化を考えますから、資本主義の基本的矛盾は、まさに資本主義を発展させる原動力となる一方で、その制限性を示すものにもなります。

矛盾は、同一枠内にある相対立するものの関係と捉えることができます。その定義を資本主義の基本的矛盾に当てはめれば、最大限の利潤を追求するという本性を持つ資本主義における相対立する関係の存在が考えられます。それが、機械制に伴う協業や分業の発達に示されるような生産の社会的性格と取得の私的・資本主義的形態との関係になります。生産の社会的性格は、生産力の増大要因になりますし、取得の資本主義的形態は、資本主義的生産関係との結びつきがありますから、それらは、資本主義という枠内で、生産力と生産関係として、相対して存立する関係になります。この関係を含む、資本主義の基本的矛盾を示したものが、［図1］です。

資本主義は、資本による利潤追求を本性としていますから、利潤追求による生産拡大が促される一方で、利潤追求による需要制限があれば、それが相対立する矛盾関係となります。資本主義における生産の社会的性格の発揮は、生産拡大（供給拡大）を促しますが、他方で、取得の資本主義的形態に関連する分配部分にあたる賃金は、利潤追求という目的によって制限されることになります。例えば、国内生産にたいする需要の大きな割合を占める賃金所得者の需要は、利潤追求に伴う賃金コストの抑制傾向があることによって、需要制限要因となります。この関係を示した図が、次ページの［図2］です。

資本主義は、利潤追求という本性から生ずる生産拡大と需要制限との対立から、必然的に過剰生産とその調整を生じさせます。過剰生産は、

［図1：資本主義の基本的矛盾①］

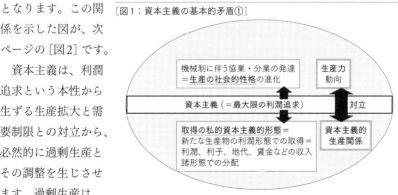

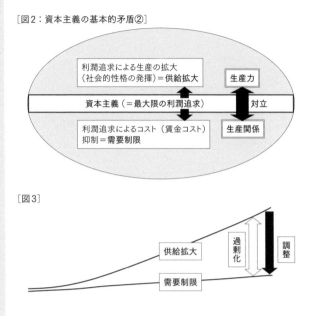

[図2：資本主義の基本的矛盾②]

利潤追求による生産の拡大
（社会的性格の発揮）＝供給拡大

生産力

資本主義（＝最大限の利潤追求）

対立

利潤追求によるコスト（賃金コスト）
抑制＝需要制限

生産関係

[図3]

供給拡大

過剰化

調整

需要制限

資本による商品の過剰生産というかたちで現れますし、資本そのものの過剰化、貨幣資本の過多、過剰な資本投下、過剰な投資、バブルの形成というかたちでも現れます。その過剰化の調整が恐慌というかたちをとります。また、戦争も、この調整役を担うことがあります。資本主義は、景気変動に示される矛盾の自己運動を展開しながら、生産力と生産関係の矛盾を深めてゆくという宿命をおっています。この関係は、景気変動の必然性と関連する［図3］で示されます。［図3］で示されるような景気変動は、資本の運動過程で繰り返されますから、景気循環と捉えることもできます。そして、それは、質的・量的に拡大された規模での循環になります。

景気変動の一局面としての恐慌は、火山に例えれば、まさにマグマが溜まって、噴火として爆発する状況に似ています。矛盾のエネルギー（過剰化）が、調整というかたちで恐慌となって爆発するのです。火山と景気変動との違いは、景気変動の場合は、資本主義の発展に伴って絶えず質的・量的にその規模を拡大させることです。このことから、今日の世界金融危機も、グローバル化に伴う調整過程の質的・量的拡大として捉えることができます。恐慌や世界金融危機は、けっして偶発的に発生する現象ではありません。その可能性は、項目【15】と【17】で検討しますが、資本主義において必然的に生じる現象です。その必然性は、まさに資本主義の基本的矛盾との関連で導き出されます。このことは、項目【57】と【66】で検討し、必然性の現実性への転化は、世界金融危機を例として、項目【66】で検討します。

【5】マル経は、なぜ社会主義や共産主義と つながりがあるのですか。

 人類史において、いまだに社会主義は実現されていませんが、 マル経は、資本主義の発展の先にある体制を社会主義と捉えます。

　マル経の考察対象は資本主義ですが、資本主義を絶対的で普遍な体制と捉えるのではなく、人間社会の発展過程の一段階として捉えますから、つぎに来る新たな体制のあり方を検討する課題があります。項目【2】の人間社会の発展法則や項目【4】の資本主義の基本的矛盾で示されるように、資本の考察から導き出される、資本主義の制限性と発展方向が問題となる場合に、社会主義や共産主義が念頭に置かれることになります。

　社会主義や共産主義といえば、すでに歴史的に存在した社会体制が想像されるかもしれません。しかし、発達した資本主義を経て形成される、人間の基本的人権が最大限に保障される体制が社会主義になりますので、人類史において、いまだに社会主義や共産主義が実現されていないことがわかります。例えば、旧ソ連および旧社会主義国は、求められるべき社会主義でなく、「自称社会主義」でした。その内実は、遅れた資本主義段階にある社会に、国家による「上からの社会主義的タガ」がはめられ、偏った国家的戦略に基づく経済成長を優先させざるをえない社会でした。社会主義や共産主義を目指しながらも、実質的には資本主義的生産様式を基本とする資本主義の枠内にある国家主導による社会体制があるとすれば、それは、社会主義や共産主義といえるものではなく、むしろ国家的資本主義と捉えた方が、その実態をより的確に把握できるものと考えられます。

　問題は、マル経の資本主義分析によって導き出される社会主義とはどのようなものかということです。その展望を、新たな生産関係と人間の基本的人権に関連して示すことにします。

　資本主義が発展・変化して生み出される社会主義や共産主義は、自由な自立した個々人の結合体と捉えられます。その社会体制では、生産手段の個人的＝共同的所有形態をとる生産関係とそれに基づく生産様式が想定されます。この「個人的＝共同的」という所有形態は、理解しづらいかもしれませんが、100戸で1棟のマンションを想像してみてください。マンションは、建物に関しては、いわば「運命共同体」です。建物の個人的所有権は、100分の1で、それを共同で管理する形態をとります。資本主義の彼方にある社会は、労働の担い手による社会的な生産手段の個人的＝共同的所有を基本とする生産様式をとり、生産

I

マルクス経済学の諸特徴について

が社会的＝協同組合的に管理、運営される社会と捉えることができます。

　人間社会の発展を考える際に、人間の基本的人権が最大限に保障される社会の形成が課題となります。資本主義がこれまでの歴史社会のなかでその人権保障を飛躍的に拡大させたことは、否めない事実です。しかし、資本主義が基本的人権を全面的に保障しているかといえば、そこに疑問が生じます。資本主義では、人間がつくった「物」としての商品・貨幣・資本が、人間自身から離れて自立した運動を展開し、逆に人間を支配する「疎遠な力」として現れるという「人間疎外」が生じます。ここに、人権保障の制限性が示されます。その制限性の解消にもなる新たな体制づくりの条件や変革の担い手は、資本主義のなかで生み出されます。例えば、自由（自立した個人の自己管理に基づく自由）、平等（とりわけ平等な機会保障）、民主主義（個々人の意見尊重）を基本とする社会の形成は、資本主義の発展に伴う経済的な基盤と市民社会の成熟化が、その足がかりとなります。市民社会の成熟化は、資本主義体制を超えるための土台形成ですが、変革主体やその原動力となるのは、労働の担い手です。なぜ変革主体やその原動力が労働の担い手なのかは、資本の考察における具体的な検討課題になります。ここでは、人間社会の発展過程における変革主体に関する推論を示すにとどめます。人間社会を発展させる変革要因として、奴隷制にしても、封建制にしても、生産力に関する制限性だけではなく、人権の抑圧要因ともなる「殻」を破る変革主体の存在があげられます。資本主義には、「労働疎外」に示されるような人権の抑圧要因があります。このことから、つぎにその「殻」を破るのは、誰なのかがわかります。

　資本主義が人類史の終わりではなく、人間の基本的人権が最大限に保障される社会を目指して人間社会が発展し、その発展した体制が社会主義や共産主義であれば、マル経は、そのような社会主義や共産主義と不可分なものといえます。人類史において、いまだにそのような社会は実現されていませんが、資本主義の発展の彼方に、「空想」や「自称」ではなく、科学的な根拠に基づいて、資本主義の発展・変化の先にある社会への移行の必然性を示すことは可能です。この移行の必然性を明らかにすることは、まさに「時の流れを読む経済学」にとっての重要な課題といえます。

【6】マル経は、なぜ商品から考察をはじめるのですか。

> 一言　資本主義経済を人体にたとえれば、商品はその細胞組織になりますから、まずは細胞組織の分析からはじめます。

　経済学の考察を何からはじめるのかは、重要な意味を持ちます。アダム・スミスは、国民の富を労働によって生み出される生活必需品と捉えました。その富がより多く生み出され、それが広く国民にゆき渡ることで、社会が豊かになると考えたのです。アダム・スミスの経済学は、分業によって生産力が高まり、より多くの富が生み出されることから、分業論がその出発点になりました。マル経の場合に、出発点は、商品の考察になります。

　資本主義における経済の動きを考察するうえで、重要なことは、目の前に展開されている経済の動きを分析して、その動きの根本を探ることです。人体の成り立ちや動きを探究するために、細胞組織を研究するのと同じように、資本主義の経済的な動きを構成する細胞組織としての商品の考察は、資本主義経済の本質を探るという点で重要な意味を持ちます。

　経済学は、アダム・スミスが考えたように、社会をより豊かにすることを目的とします。社会を豊かにするための富は、資本主義ではほとんどが商品というかたちをとります。例えば、生活のための食料や衣料品など身の回りの生活用品は、ほとんどが商品として購入されますから、生活するうえで、商品は不可欠なものとなっています。しかも、サービスや情報も商品として売買されますし、日々新たな商品が世に出されています。マル経が商品の考察を出発点とするのは、人間社会を潤す財（富）の多くが、商品というかたちをとるからにほかなりません。

　商品には、金融商品のように、労働生産物とは無縁の商品もありますが、マル経がまず考察するのは、労働によって生み出される商品です。そのような労働生産物としての商品を考察する場合にも、商品の最も抽象的で本質的な内容を探り出すことからはじめて、より具体的な動きを解明するという方法をとります。このようなことから、まず「商品とは、どのようなものか」を、つぎの項目【7】で考えることにします。

【7】商品とは、どのようなものですか。

 商品は、
使用価値と価値を持つ社会的なものです。

　商品は、日常の生活で誰もが常に関わっていますから、それが何かを問う必要がないかもしれません。それは、水とは何か、空気とは何かを問うことと同様です。水や空気は、それがなければ人間が生きてゆけませんから、それが何かは、誰でも知っています。知っているというよりも、知らずに使っているといった方がよいかもしれません。水や空気が何かを知らずに使っているだけの認識と学問的な探究によってそれらの内容を理解することでは、明らかに異なります。水がH_2Oとして捉えられ、空気が窒素や酸素などで成り立っていることがわかれば、水や空気に関わる様々な問題への対応が可能となります。同様に、商品についての考察は、商品に関連する様々な経済の具体的な動きを解明することに役立ちます。そこで、まず商品とは何かを考えることにします。

　商品は、奴隷制社会にも、封建制社会にもありました。奴隷制が支配的な社会では、奴隷（人間）が商品になりましたし、資本主義においても人間が商品となる場合があります。人間の商品化は、人間の基本的人権の全否定ですから、非常に問題があります。そこには、人間としてではなく、商品として扱われるという究極の人間疎外が見られます。

　マル経が考察するのは、資本主義における商品ですから、商店の棚に並ぶ商品から金融商品にいたるまで、あらゆる商品が考察の対象になります。そのような資本主義的な商品には、労働によって生み出されるものとそうでないものとがあります。マル経がまず考察するのは、労働によって生み出される商品です。それは、水や空気と同様に、人間が生きるために必要不可欠なものだからです。

　労働生産物としての商品に関しては、労働生産物と商品との違いが問題となります。例えば、時計という労働生産物と時計という商品との違いは何かを想像してみてください。時計は、労働生産物であれ商品であれ、時間を確認するという人間にとって有用性があるもの、使用価値があるものです。両者に共通する同じ使用価値でも、労働生産物と商品とでは違いがあります。労働生産物としての時計は、その持ち手にとっての使用価値です。しかし、商品の場合は、持ち手にとっての使用価値がないことから交換に出されます。商品の使用価値は、その持ち手以外の他者にとっての使用価値、すなわち社会的な使用価値に

なります。商品は、人間相互の交換関係（社会関係）から生じますから、商品自体が社会的なものといえます。その商品の社会的な側面を端的に表すのは、商品が交換される際に持つ商品の値打ち、すなわち交換価値です。それを、商品交換者どうしが確認して、商品交換が行われることになります。問題は、その商品の交換価値とは何かですが、そのことと関連して、まず商品交換の法則を確認しておきます。

　商品交換の法則は、商品交換が行われる場合の条件と内容が、どのような場合にも当てはまるという意味で、その内容が法則性を持つものです。それは、「経済的に対等な人間関係のもとで等しいものが交換される」という法則として捉えられます。商品は、互いに異なる使用価値があることから交換されるのですが、商品交換は、等しいものの交換によって成り立ちます。その際の等しいものが何かといえば、それは、商品の交換価値になります。しかし、交換価値が等しいとしても、まだ問題が残ります。それは、交換価値がなぜ等しいのか、等しいことの根拠は何かという問題です。

　そこでまた、時計という商品を考えます。一般的に時計が商品と確認できるのは、その買い手が使用価値を認めることと価格がついていることです。商品交換で等しいものは、使用価値ではありませんから、価格を見て、交換する値打ち（交換価値）を確認することになります。例えば、1万円という価格がついている時計は、1万円分の値打ちを持つ商品と交換できることが確認されます。一般的にいえば、1万円のお金と交換されることになります。商品であっても、お金であっても、交換に際しては、同じ1万円の値打ちを持ったものどうしの交換として捉えられます。その際の1万円で示される交換価値がなぜ等しいのかが問題です。交換されるものの交換価値は、交換される商品の持つ価値とお金の持つ価値が等しいことを示しますから、つまるところ、それらの価値がなぜ等しいのかが問題となります。

　労働によって生み出される商品を考察する場合には、商品交換で問題となる価値が等しいことに、労働が関係していることがわかります。問題は、商品の価値と労働とがどのように関係しているのかということです。この点については、つぎの項目【8】と【9】で、詳しく検討することにします。

【8】労働の二重性とは、どのようなものですか。

 労働には、
具体的有用労働と抽象的人間労働との二面性があります。

　労働生産物としての商品を考察しますので、商品の使用価値と価値を生み出す労働が問われます。マル経は、それらを生み出す労働の違いに着目します。

　商品の使用価値を生み出す労働は、比較的簡単に理解できます。例えば、時計という商品の使用価値は、おそらくよほどのへそ曲がりでない限り、時間を確認するために使用する価値があるものとして捉えられます。そして、その使用価値を生み出す労働は、時計をつくる労働そのものとして理解されます。同様に、上着という商品の使用価値を生み出す労働は、裁縫労働として認識されます。様々な商品の様々な使用価値は、それを生み出す様々な労働に関わっています。それらは、例えば、時計をつくる労働、裁縫労働という具体的な労働として捉えられます。しかも、その労働は、時計や上着という有用物を生み出すことから、有用労働となります。このことから、マル経では、商品の使用価値を生み出す労働を具体的有用労働と捉えます。

　つぎに問題となるのは、商品の価値を生み出す労働です。商品の価値を生み出す労働は、等しいものの根拠になる労働ですから、裁縫労働とか時計をつくる労働という質的に異なる具体的な労働とは違い、質的に共通性を持つ労働となります。例えば、ある人が1日に8時間労働する場合に、裁縫労働を2時間、料理をつくる労働を2時間、掃除・洗濯を2時間、イスをつくる大工労働を2時間行うものとします。その場合の具体的有用労働は、それぞれ異なりますが、ある人の質の等しい労働を2時間ずつ振り分ける場合の目安は、量的に測ることのできる質的に等しい労働となります。その労働を、マル経では、抽象的人間労働と捉えます。商品の価値は、抽象的人間労働によって生み出されることになり、例えば、時計の価値が抽象的人間労働10時間分の労働によって生み出され、上着の価値が抽象的人間労働10時間分の労働によって生み出されるとすれば、時計の価値と上着の価値は等しいものとして捉えられます。

　このように、労働には商品の使用価値を生み出す具体的有用労働と価値を生み出す抽象的人間労働との二面性があることがわかります。この二面性を労働の二重性と捉えますが、このことの理解は、資本の価値増殖の仕組みを検討する際に重要な意味を持つことになります。

【9】商品の価値と労働との関係は、
　　　どのようになっていますか。

価値も人間労働も、
まずは想像力を働かせて存在を確認します。

　労働は、具体的有用労働でしたら、その存在を確認できますし、容易に想像することもできます。例えば、手焼きせんべいでしたら、目の前でせんべいを焼いている労働が確認できます。また、「手焼きせんべい」と包装紙に書かれてある大量生産のせんべいでも、せんべいを焼く具体的な有用労働は、容易に想像できます。その場合の具体的有用労働の想像は、人間労働を想像するよりも、はるかに簡単です。人間労働は目に見えませんから、想像するしか手はありません。例えば、目に見えない空気の動きである風を抽象画で描くことができても、空気そのものを描くことが難しいように、抽象的人間労働を抽象画で描くことは、非常に難しい想像になります。しかし、空気が存在しているように、人間労働も存在しています。このことを確認したうえで話を進めます。

　もう一度、手焼きせんべいに立ち返ってみます。目の前で焼かれているせんべいの価格が、100円だとします。原材料費やもうけなどをとりあえず考慮しないで、3分間じっと手作業を見ていたうえで、100円は妥当な線かと納得して、その手焼きせんべいを買うかもしれません。大量生産の1枚20円のせんべいよりも、5倍もする手焼きせんべいを買ってしまうのは、それだけ手間暇がかかっていることを理解してのことでしょう。この場合に、価格設定に労働投入量が関わっていることは、感覚的に理解できます。味の問題は考慮しないで、同じような1枚のせんべいが、大量生産の場合に20円で、実際に目の前で焼いている手焼きせんべいが100円なのはなぜかが問題となります。その際に、大量生産の場合には、単位時間あたりに大量に生産されるのですから、投入労働量の違いがあることが、おぼろげながらわかります。手焼きせんべいは、3分で1枚生産しますが、大量生産の場合に、3分で10枚は生産できると考えます。その場合に、3分で1枚焼く労働と3分で10枚焼く労働は、具体的な有用労働では異なります。同じ時間に、1枚焼く労働と10枚焼く労働とは、質的に違います。一方で、質的に等しい労働といえば、人間労働の同等性が考えられます。質の等しい抽象的人間労働を前提すれば、手焼きが1枚でも、大量生産が10枚でも、同じ3分の人間労働量です。投入労働量が同じ場合に、せんべい1枚あたりの投入労働量は、手焼きと大量生産とでは異なります。手焼きせんべいは、大量生産に比べて、1枚あたりで10倍の人間労働が投入されてい

ます。この違いが、1枚20円の大量生産のせんべいではなく、1枚100円の手焼きせんべいを買うことの有力な根拠といえます。この人間労働量と価値量との関係について、さらに詳しく検討します。

　手焼きせんべい1枚の商品価値が、3分の人間労働量によって決まるとします。原材料費やもうけを仮に10円として、その分を100円から引きますと、単純計算ですが、90円分が人間労働量3分によって生み出される価値を表すことになります。原材料費やもうけを考えないで、3分の人間労働によって生み出される価値量が90円で表されることを基準にすれば、大量生産のせんべいの場合は、同じ3分の人間労働量の投入ですから、10枚のせんべいの商品価値が90円分ということになります。1枚あたりにしますと、9円になります。

　1枚9円のせんべいと1枚90円のせんべいとで、どちらを選択するのかは、手間暇を考えれば、選択を迷う可能性はありますし、味を考慮に入れれば、選択の仕方は変わります。しかし、価値量の比較からは、1枚9円のせんべいと1枚90円のせんべいとでは、1枚9円のせんべいに軍配が上がります。価値量の比較で両者の違いが示されますが、その実体は、投入された人間労働量の違いによります。想定によれば、3分で1枚の手焼きせんべいと3分で10枚の大量生産のせんべいは、同じ人間労働量3分です。同じ3分の人間労働が生み出す商品の価値は同じですから、3分で10枚生産できる場合は、1枚あたりの労働投入量と商品の価値量は、10分の1になります。商品の価値が、価格にそのまま反映されれば、3分10枚で90円ですから、1枚あたりは9円になります。このことは、労働と価値と生産力との本質的な関係を示します。

　生産力は、単位時間あたりでどれだけの「物」が生産されるかを示す指標ですが、人間労働量と商品の価値との本質的な関係から導き出されることは、生産力が上がれば、1個あたりの商品の価値が下がり、それが価格に反映されれば、商品の価格は、生産力が上がれば安くなるということです。この生産力と価値、価格との関係は、項目【21】でより具体的に検討します。

　これまでは、価値と価格との関係に立ち入らないで、話を進めてきましたが、つぎの項目【10】で、この関係を検討します。

【10】商品の価値と価格との関係は、どのようになっていますか。

 一言 価値は、本質で、
価格は、その現象形態という関係になります。

　商品の価格は、需要と供給とによって変動しますし、主観的な要因や投機的な要因によっても変動します。例えば、その商品にどれほどの効用があるのか、商品によっては、転売して利益を得る場合に、それが値上がりするかどうかという思惑によって、価格が変動することもあります。一方で、労働によって生み出される商品の価値は、人間労働としての質（社会的平均的な労働の質を前提します）が等しければ、投下されている労働の量によってのみ、価値の量が変化します。質的に等しい人間労働という単一の物差しによって、商品の価値量が決まることになります。このブレない単一の尺度が、商品の価格変動の「軸」になります。しかし、この「軸」にも、問題があります。それは、目に見えないことです。

　人間労働が見た目で確認できないのと同様に、商品の価値も、見た目で確認することはできません。しかし、「見えぬけれどもあるんだよ」という見えない星の存在を意識した詩があるように、人間労働や商品の価値も見えないけれども存在します。問題は、見えない本質的な内容を、どのようにして見えるようにするのかです。

　目に見えないものを見えるようにする例として、重さの表現が考えられます。あるスーパーの催しで、大きなマグロの重さを当てるイベントがありました。ガラス越しに見られるマグロの重さを書いて投票箱に入れ、マグロの重さに一番近い数字を書いた参加者に、解体ショーのあとで、マグロの「さく」が賞品として授与されるという趣向です。重さは確かに存在しますが、見た目ではわかりませんから、重さを当てるのは容易ではありません。ただし、マグロを「はかり」に乗せれば、重さが示され、賞品授与者が決まります。「はかり」に乗せることは簡単ですが、問題は、重さ表示の仕組みです。

　重さをどのように表現するかという問題は、重さを測る仕組みそのものに関わります。測る仕組みの最も簡単なものは、測りたいものをA（マグロ）として、マグロの重さに近いもの（お米1俵）をBとし、釣り合いがとれれば、マグロは、お米1俵の重さとして表現されます。これが重さの表現関係です。その表現関係にあるAとBとでは、重さを表現する際の役割が異なります。重さの表現関係で、Bは、お米という姿で重さを測る役割を担います。マグロで

はなく、イワシの重さを表現する際にも、重さを測る役割Bをお米が担うのでしたら、少ない量のお米でイワシの重さを測ることが可能になります。このような重さがその姿をとって現れる権化<ruby>権化<rt>ごんげ</rt></ruby>のような役割を、お米に代わって一手に担うものが、分銅になります。分銅が、重さの権化となり、重さを測る役割を一手に担うことになれば、その権化たる分銅を基にして、重さを測る基準と単位が決められます。この仕組みを反映した「はかり」がつくられれば、実際に分銅がなくとも、「はかり」に乗せるだけで、重さが表示されることになります。

　商品の価値は、重さと同様に目には見えませんから、目に見えるようにする必要があります。価値を表す場合も、重さと同様に、釣り合いのとれるものどうしの関係を考えます。商品価値の等しさは、等しい量の人間労働量で決まりますから、例えば、1時間の人間労働が投入されている商品A（ネクタイ1本）と商品B（財布1つ）との関係を考えてみます。この場合に、商品A（ネクタイ1本）と商品B（財布1つ）とで、お互いに価値が等しいというだけでは、商品Aの価値は示されません。商品Bが、商品Aとの関係で価値が等しいことを認められ、財布1つという商品Bの姿（目に見えるかたち）で商品Aの価値を表す関係が成り立てば、商品Aの価値は、「財布1つ」という値札で示されます。「財布1つ」という値札には違和感があるかもしれませんが、その商品Bの役割を一手に引き受けて固定化されたものが貨幣となり、価値を測る権化となった貨幣で表示する基準や単位が決められて値札となれば、その違和感は解消します。商品の価値を貨幣で表現したものが、商品の価格ですから、最終的に商品A（ネクタイ1本）には、例えば、3000円という値札がつくことになります。

　分銅の場合は、重さという「物理的な力」としての権化（具体的な姿での力の現れ）の役割を担うのにたいして、貨幣の場合は、「社会的な力」としての権化の役割を担うという違いがありますが、それらの共通点は、重さや価値の表現関係からその役割が与えられるにもかかわらず、具体的な姿にその役柄が定着することで、あたかも生まれながらにその役割を担う権化としての性質が与えられることで示されます。つぎの項目【11】では、この商品や貨幣の性質を検討します。

【11】商品の物神性または商品の「力」とは、どのようなものですか。

 人間から自立して人間を振り回す商品の性質は、商品の物神性や「力」として認識されます。

　物神性という言葉で、何を連想するでしょうか。物神性を呪物崇拝と置き換えてみると、少し想像しやすいかもしれません。呪物崇拝とは、自然物や自然現象、偶像などに特別な霊力があるものとして崇めることです。例えば、山の神や海の神、雷神などは、その具体例です。それらに関わる超自然現象への畏怖心から、それらを神として崇める風習が多く見られます。また、霊力のある石を崇めるような場合も呪物崇拝になります。それらの超自然現象や霊力につながる要因は、科学的に解明されていることが多いのですが、呪物崇拝は、いまでも宗教的な儀式や風習として残されているものも多くあります。

　商品の物神性、あるいは呪物崇拝は、超自然現象や自然物の霊力を崇めるのと同様に、商品を神のように崇める商品の性質と捉えることができます。そのような商品の性質がなぜ生ずるのかが問題となりますので、この点を検討します。そこで、商品としての100円のボールペンを考えてみます。労働生産物としてのボールペンは、それを使う人間にとっての使用価値を持つだけですが、ボールペンが商品になれば、労働生産物とは違う、商品としての性質を持つことになります。商品としてのボールペンの使用価値は、社会的使用価値という性質を持ちますが、このことから、商品を神のように崇める性質は生じません。商品には、もう1つの重要な側面があります。それは、商品の価値、すなわち商品が持つ値打ちです。その値うちは、ボールペンが商品として100円の「交換力」を持つことで示されます。そして、ボールペン商品が、神というほどではないにしても、商品として大切に扱われる根拠は、それが100円の「交換力」を持つことに見出すことができます。

　また、価値の権化である貨幣は、100円の貨幣の場合に、100円の「交換力」や「購買力」を持ちます。お金が大切なものとして神のように崇められるのは、貨幣が価値の代表者、価値の権化として、どのような商品にたいしても「交換力」を持つからにほかなりません。さらに、今後の検討対象となる資本について少し先取りしますと、資本は、自己増殖する価値の運動体ですから、価値が「力」として意識される延長線上に、資本も「力」として、例えば、1億円が1億2千万円に増殖する資本であれば、それだけの「増殖力」を持つ資本として捉えられます。そして、そのような「力」を持つことが、それらを崇める根拠

となります。

　商品も貨幣も資本も「物」ですから、それらがなぜ「力」を持つのかが問題となりますが、雷神として呪物崇拝の対象となる雷現象が、科学的に解明されているのと同様に、商品や貨幣、資本が「物」として持つ「力」の解明も、科学の対象となります。この問題を解くカギは、労働生産物が商品となることによる商品にそなわる性質、あるいはその性質を認識できるかたちにした「力」の発生根拠を明らかにすることによって与えられます。

　もう一度、労働生産物と商品との違いに立ち返ります。違いというよりも、むしろ労働生産物に関わる人間の行為が、商品という「物」の性質に置き換わることが問題になります。労働生産物を生み出す労働は、人間の脳や神経、筋肉、感覚器官などの運動で、その継続時間で生産物に投下された労働量が示されます。商品の場合は、人間労働の共通性や労働量が商品の価値や価値量で示され、人と人との社会的関係も、商品関係に置き換わりますから、労働生産物に関わる内容は一変します。例えば、恋人間での「物」のやりとりで、恋人がつくったプレゼントを渡してもらえれば、感謝の気持ちが生じますが、商品だとしてお金が請求されれば、百年の恋も一瞬に消え去る可能性もあります。人と人との関係が、商品相互の交換関係になれば、交換相手は、誰でもよいことになります。相手が誰でもよいだけではなく、商品交換の内容そのもの、つまりその商品がどれだけの商品と交換できるか、いくらで商品を売ることができるかによって、商品所有者の意識と行動が規定されます。大切なのは、商品の持つ「交換力」ということになります。このことは、商品としての「物」が人間から自立して、神のように崇拝される対象となり、人間の意識や行動を制御する性質を持つことを示します。この性質が、商品の物神性と捉えられます。また、その性質を、商品が持つ「力」の性質として捉えることもできます。そこで、つぎに項目【12】で、その性質や「力」の影響を考えることにします。

【12】商品の物神性や「力」の影響を、どのように考えればよいのですか。

 「社会的力」が「私的な力」となることによる影響力を、どのように規制・管理するかが問題となります。

　商品の物神性は、商品といっても、とりわけその価値に関わる性質です。人間の労働の産物であるにもかかわらず、商品の価値となれば、人間から自立して、逆に人間の意識と行動に影響力を及ぼす性質を持つことになります。商品の使用価値は、商品の持ち手が使うものではありませんから、売れればよいというだけのものになりがちです。使用価値にこだわる職人であれば、価値がどうであれ、納得のゆく使用価値生産を追求するかもしれません。職人だけではなく、多くの生産者が、使う人のことを考えて使用価値生産に臨みますが、価値を実現させる、つまり商品を売ることを前提としての使用価値生産になるのは、それが商品だからです。商品の場合には、その持ち手（生産者、販売者）にとっては、使用価値よりも、実際にその商品がいくらで売られるのかという、価値の実現が問題となります。このことから、商品の偽装事件が生じたりします。例えば、国産の牛肉あるいは和牛肉として、外国産の牛肉を偽証表示したり、高級魚をそれに類似した安い魚で偽装して、料理としてお店で出したりすることが、事件として摘発されることがあります。また、消費期限を偽装したり、消費期限の過ぎた商品を再利用して、商品の価値を実現しようとする動きも見られます。このような事件や動きは、商品の価値に囚われざるをえない、または商品の価値に振り回されざるをえないという、商品の物神性の影響を受けて発生する現象と考えることができます。それは、まさに商品の「交換力」を高めるための偽装工作にほかなりません。

　商品の「交換力」は、価値が価格というかたちをとって意識される商品の「力」ですが、人間の社会的労働がその根源となっていますので、商品の「社会的な力」と捉えられます。人間の社会的な関係において生み出される商品の「社会的な力」ですが、商品の持ち手のもとでは、その「社会的な力」が個人の「私的な力」となります。商品の「社会的な力」が個人の「私的な力」となることによって、その影響力が問題となります。例えば、商品偽装のように、商品の「交換力」を高めようとする動きも、その「私的な力」を増大させる目的で推進されます。また、価値の権化としての貨幣の「社会的な力」が個人の「私的な力」となることの影響や資本の「社会的な力」が個人の「私的な力」になることの影響は、より深刻な問題を引き起こします。

貨幣は、商品の価値を表現する関係のなかで、価値を表す役割を担う価値の代表者、価値の権化として登場しますが、その役割が固定化され、生まれながらにその役を担うことになれば、どのような商品とでも直接に交換できる「社会的な力」を持つものになります。その「社会的な力」が、持ち手の「私的な力」になることによって、その「力」の影響は、様々なかたちで現れます。例えば、1万円しか持たない者よりも、1億円を持つ者の方が、人格は別として、社会への影響力が大きくなります。それだけの貨幣を持つ者として、他人を動かす「力」を持つことにもなります。本来は、社会的な関係のもとで与えられる「社会的な力」が個人の「私的な力」となることで、社会のなかでの影響力を持ちますから、その「力」を得るために、詐欺事件も含めた多く事件が発生することもあります。資本は、商品や貨幣の「力」が結集され、質的・量的に増大した「力」を持ちますので、その「力」の影響は、社会にとって非常に重要な、あるいは深刻な状況を生み出します。この問題は、資本の考察に際して詳しく検討します。

　商品の物神性は、貨幣の物神性、資本の物神性として展開されますが、物神的な性質や「力」の発生に際しての基本的な関係や根拠は、それらが発展したかたちをとろうとも変わりません。そのことから、その影響の問題にたいする基本的な対策も変わらないことになります。商品の物神性を検討する際に、その影響にたいする対応を考える意義も、そこにあります。それらの物神的性質は、商品、貨幣、資本の存在そのものと不可分ですから、その性質、あるいは「力」の影響を排除するためには、その性質の現れや問題を生じさせる「力」そのものを抑えること、つまり規制、あるいは管理が必要になります。もちろん、その原因となる商品や貨幣、資本の存在をなくす対応も考えられます。前者は、法律等による規制や管理、後者は、資本主義に代わる新たな体制づくりに関わります。資本主義内で問題の発生を抑える動きとしては、法律等による規制がありますが、逆にその規制を取り去る規制緩和の動きが、新自由主義的政策にほかなりません。規制緩和によって生ずる問題には、規制・管理で対応することが、基本的な関係の考察から導き出されることになります。

【13】貨幣とは、どのようなものですか。

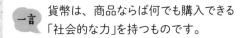

一言　貨幣は、商品ならば何でも購入できる「社会的な力」を持つものです。

貨幣というよりも、お金といった方が、親しみがわくかもしれません。お金は、生活するうえでは欠かせないものですから、親しみがわくというよりも、あればあるだけ「力」を発揮する、ありがたいものになるのかもしれません。それこそが、まさに貨幣の物神性に囚われている証になります。貨幣の持つ「商品ならば何でも購入できる力」は、商品の価値を表す関係のなかで与えられたもので、もともとは人間によって与えられた「力」です。貨幣の「力」の発生根拠とその性質はすでに示しましたので、ここでは、そのような「交換力」を持つ貨幣に、どのような機能、あるいは役割が与えられるのかを考察します。

貨幣の機能（役割・働き）は、大きく分けて5つあります。その諸機能は、商品とどのように関係を持つかによって示されます。この関係を明示するために、商品をW、貨幣をGとして、記号で関係を示すことにします。WとGとの記号表記から、商品Wあっての貨幣Gの機能だということが、明確に示されます。

貨幣の5つの機能を記号で示せば、以下の (1) から (5) になります。それぞれの機能の内容は、項目【14】以降で説明しますが、貨幣の諸機能が、WとGだけで示されることは、以下の記号で確認できます。

(1) 価値尺度　$W \cdots G$

(2) 流通手段　$W_0 - G - W_1$
　　　　　　　$W_1 - G - W_2$

(3) 蓄蔵貨幣　$W - \boxed{G}$
　　　　　　　　（蔵）

(4) 支払手段　$W - (G)$

　　　　　　G　：　（一定期間後）

　　　　　　G

(5) 世界貨幣　※ ╫は国境

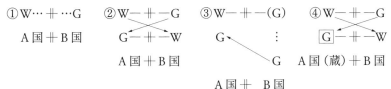

【14】貨幣による価値尺度の役割とは、どのようなものですか。

 貨幣は、
商品の価値を測る役割を担います。

(1) 価値尺度

W…G

貨幣 G が商品 W の価値を測る役割（機能）は、記号 W…G で表すことができますが、その際の点線（…）は、商品 W と貨幣 G に動きがない関係を示しています。その関係は、貨幣 G による商品 W の価値表現を示します。例えば、商品の価値が100の場合に、価値の代表者としての貨幣100でその大きさが示されます。商品の価値100が労働によって生み出される場合は、労働の量の多い少ないで価値が測られますから、1時間労働で商品の価値100が生み出される場合に、労働2時間で生み出される商品の価値は、200になります。労働と価値との本質的な関係は、目には見えませんから、貨幣がその仲を取り持って、商品の価値100が貨幣100で、商品200が貨幣200で表されます。価値を貨幣で表すかたちが価格ですから、商品の価値100は、貨幣で表されて商品の価格100となります。この場合に、商品の価格を示す基準と単位が決められて、はじめて貨幣によってその価値が示されます。例えば、日本では、明治時代に制定された貨幣法で、金750mgを円（エン）とする基準が設けられ、円を単位として商品 W の値段を示すことが決められました。この金貨幣量は、労働に基づく価値実体を根拠としています。法律によって決められた基準と単位は、経済活動のなかで定着することによって、価値実体や法律を意識することなく普通に使われるようになります。ただし、労働に基づく価値実体という明確な土台があって価格の度量基準が決められていれば、その基準に基づいて経済活動が展開されますが、この基準が不明確ですと、商品交換の前提となる価格表示に不安定要素が加わり、その影響を受けて経済活動も不安定になります。この関係は、円を基準とする価格を持つ商品とドルを基準とする価格を持つ商品との交換に際しては、非常に複雑な関係になります。

価値を測るという貨幣の機能は、測るための実体、例えば、金750mgを円とする実体に基づく基準と単位が設定され、そのことによって商品の動きを促しますが、その基準設定が、実体と離れれば離れるほど、測る基準そのものが不安定になり、それを基に展開する経済活動も不安定になることを理解しておく必要があります。

【15】貨幣の流通手段機能とは、どのようなものですか。

 貨幣は、商品交換を媒介して、
流通を促す役割を持ちます。

（2）流通手段

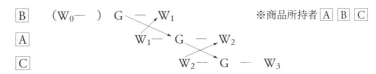

商品 W_1（例えばリンゴ1個）を持っている人 A が、商品 W_2（例えばキャベツ1個）と交換する場合に、貨幣の媒介なしに W_1—W_2 という関係が成り立つ場合があります。ただし、その場合には、リンゴ W_1 を持っていてキャベツ W_2 を求めている人 A とキャベツ W_2 を持っていてリンゴ W_1 を求めている人が出会わなければ交換は成立しません。その交換は両者が出会う場所的・空間的制約を受けます。市場のような一定の場所での物々交換でも、時間的な制約はあります。しかし、場所が限定されていれば、リンゴを持っている人 A がリンゴを求めている人と出会うのは、多少時間的な制約はありますが、そう難しいことではありません。さらに、リンゴを求めている人 B が貨幣 G を持っていれば、すぐにでも交換は成立します。A が手にした貨幣でキャベツ W_2 を C から購入すれば、W_1—W_2 という交換関係は貨幣 G によって媒介されることになります。このように、貨幣は多くの交換を媒介しながら流通を促す役割を担います。このことによって生産拡大が促されることにもなります。なぜならば、リンゴ生産者 A にとっては、リンゴ販売の場所的・時間的制約が解消して売れる見通しが立てば、より多くの生産も可能になるからです。このように、貨幣の流通手段としての働きは、流通を促すだけではなく生産を拡大させる要因にもなります。ここまでは順調な流れですが、落とし穴もあります。

商品所持者、あるいは商品生産者 A の経済活動は、貨幣 G の介入によって、販売 W_1—G と購買 G—W_2 とに分かれます。貨幣 G が介入しない場合は、W_1—W_2 の交換で、リンゴ W_1 もキャベツ W_2 も直接的に需要と供給がつながって需要供給関係は一致します。しかし、販売 W_1—G と購買 G—W_2 とに分かれることは、供給と需要とが必ずしもつながらない可能性が出てきます。流通手段の機能によって生産拡大も促されますから、供給と需要との不一致は過剰生産の可能性、そしてその調整役としての恐慌の可能性が生ずることを意味します。

【16】蓄蔵貨幣は、どのような役割を担うのですか。

 蓄蔵貨幣は、
価値（力）をためて大きな力を発揮させる働きをします。

（3）蓄蔵貨幣

$$W-\boxed{G}$$
（蔵）

　蓄蔵貨幣は、価値の代表者、価値の権化としての貨幣の役割の1つです。記号 $\boxed{G}$（蔵）で表す蓄蔵貨幣は、商品 W を売って手に入れた G を、蔵に入れてためることを示します。この機能は、蔵に蓄えられても価値が維持されるような貨幣の性質から生ずる機能になります。例えば、100円の価値を持つトマトは、1年はおろか1か月もすれば、腐って商品価値が減価するか、価値がなくなります。しかし、100円の価値の代表者、価値の権化としての貨幣は、1年でも10年でも100円の価値であり続けます。何年ためておいても価値が減価しないで、いつでもその「交換力」を発揮させることのできる貨幣の働きそのものを、蓄蔵貨幣機能と捉えます。

　蓄蔵貨幣は、ためておくという機能を持つものですが、価値を維持しながらためておく機能は、経済活動にとって重要な意味を持ちます。

　100円の価値ある貨幣を1日に100円ずつ、1年365日ため続ければ、1年で3万6500円になります。例えば、3万円の商品は、100円では買えませんが、100円の価値ある貨幣を毎日300日ため続ければ、3万円分の貨幣となり、3万円の商品を買うことができます。このような蓄蔵貨幣の機能が、生産拡大にも役立つことになります。値段が高くて、すぐには買えない道具や機械も、価値が減価しないでためておくことのできる貨幣の機能があれば、貨幣を一定の価値額までためておいて、高価な機械でも買うことができますから、その機械を使って生産を行うことで、生産を拡大させることができます。蓄蔵貨幣の機能は、記号 $\boxed{G}$ で示されるように、蔵にためておくという役割そのものを示しますが、「社会的な力」としての貨幣をためておいて、大きな力を発揮させるという経済的な効果を持つことになります。

【17】支払手段機能とは、どのようなものですか。

 支払手段機能で、
当面貨幣なしでも商品取引が可能になります。

(4) 支払手段　　　　　　　　※記号 (G) は、貨幣が手もとにないことを示します。

　蓄蔵貨幣の場合は、貨幣をためることによって高額の商品を買うことが可能になりました。支払手段としての貨幣の機能の場合は、手もとに貨幣がなくとも、そのような高額な商品を購入することを可能にさせます。

　支払手段としての機能は、3つの過程で示されます。① W—(G) という動きをはじめる前に、貨幣を想定して (G)、例えば、商品 W が100万円で価値が表されることを取引関係者相互で確認します。② W—(G) 取引相手に100万円の貨幣が手もとにない場合 (G) でも、取引関係者相互に信頼関係があり、債権債務の関係が成り立てば、100万円の商品 W を引き渡すことができます。その際の債権債務の関係は、一定期間後に100万円の価値ある貨幣 G を支払うという相互の取り決め（約束）によって成り立ちます。その場合に、口約束だけでは信用できませんから、基本的には支払契約書が交わされたり、債務支払証書（手形）が出されたりします。③一定期間後に、100万円の価値ある貨幣 G が支払われ、債権債務が決済されます。

　支払手段としての機能は、信用に基づいて債権債務の関係を取り結び、最終的に債権債務を決済するというように、信用と密接に関わります。一定期間後の支払を約束する手形そのものが、信用に基づいていくつもの取引を媒介することがありますし、その手形を期限前に割り引いて銀行で引き受けてもらうこともできます。このように、支払手段機能は、信用に基づいて商品取引を拡大させますが、取引だけではなく、生産も飛躍的に拡大させることになります。

　支払手段機能によって、貨幣が手もとになくとも、商品取引が可能になりますから、商品流通が促進されますし、それに伴う生産活動が活性化されますが、支払連鎖がどこかで途切れた場合は、支払連鎖が逆に不払連鎖に転換し、経済活動を停滞させる危険性も存在します。信用によって拡大された分、信用崩壊によって、過剰生産が深刻化し、恐慌によって調整される可能性も高まります。

【18】流通必要貨幣量は、
どのようにして決まるのですか。

 貨幣の流通必要量は、
商品を運動させるのに必要な貨幣量です。

　流通手段や支払手段の機能で、商品流通を促す機能が問題となっていますので、ここで、その量的側面に関わる流通必要貨幣量を確認することにします。

　通貨供給に関しては、中央銀行による通貨供給（マネタリーベース）が問題となりますが、実際の通貨供給量は、マネタリーベースを基にして信用創造によって膨らまされますし、中央銀行による通貨供給そのものも、信用によって膨張していますから、価値実体に基づく流通必要貨幣量とは、かなりかけ離れています。実体（本質）と見かけ（現象）との関係が、貨幣の流通必要量にも当てはまることを、まず指摘したうえで、労働に基づく価値ある商品の運動にとって、どれだけの貨幣が必要とされるのかを考えることにします。

　流通必要貨幣量は、一定期間のうちに市場で取引される商品の価格総額（＝価値総量）を貨幣の流通速度（一定期間中に同じ貨幣が商品交換を仲立ちする回数）で除して導き出されます。例えば、商品の価格総額が100兆円で、流通速度を一定として1回と考えれば、流通必要貨幣量は、100兆円分になります。流通速度が10であれば、流通必要貨幣量は、10兆円になります。この関係は、つぎの式で示されます。

$$流通必要貨幣量 = \frac{商品価格総額（商品価値総量）}{流通速度}$$

　労働によって生み出される価値に基づく商品価格総額の100兆円が前提となり、流通速度の変化で、流通必要貨幣量が決まるという関係が本質的な関係ですが、この関係は、逆の関係に置き換わることがあります。例えば、中世ヨーロッパで生じた価格革命について、中南米の銀が大量に入ったために、貨幣流通量が増えて貨幣価値が下がり、価格が上がったという説があります。この関係は、貨幣量の変化→貨幣価値の変化→価格の変化という関係ですが、労働に基づく価値・価格の変化→貨幣量の変化という本質的な関係の逆です。本質的な関係で捉えれば、もともと価値の低い中南米の銀が入って商品価値を測る基準が下がったことが、価格革命の本質になります。

　実体に基づく流通必要貨幣量の把握によって、貨幣量に関する本質と現象の関係が考察可能になります。その点を、項目【19】【20】【21】で検討します。

【19】国家紙幣と銀行券とは、どこがどのように違うのですか。

 国家紙幣と銀行券とでは、
出身地が違います

国家紙幣と銀行券との出身地の違いは、流通手段機能から生まれるのか、支払手段機能から生まれるのかの違いです。両者に共通するのは、紙のお札という点です。紙のお札に高級な印刷が施されたとしても、お札そのものの価値は、10円か100円の違いです。10円か100円の価値しかない紙のお札に、1万円という額面が印刷されるだけで、なぜ1万円の「交換力」、「購買力」が与えられるのかが問題となります。

流通手段機能は、商品の交換を媒介し、商品の流通を促す機能でした。国家紙幣は、その機能を代替するだけですから、国家が強制通用力を与えることで、流通手段としての機能を担うことができます。例えば、日本では明治政府が発行した太政官札がそれでした。当時は、明治政府の力がなかったこともあり、120両から250両の太政官札が、金貨100両分の通用力しかありませんでした。

銀行券は、支払手段から生まれますから、国家による強制通用力の付与は、必要となりません。銀行券は、信用に基づいて価値ある貨幣の支払を前提として発行されますので、元来は実際に価値のある貨幣との兌換銀行券として発行されるものです。日本で発行された中央銀行券も、アメリカ合衆国で発行された連邦準備制度に基づく中央銀行券も、当初は金貨や銀貨との交換を明記した文言がお札に印刷され、実際の価値ある貨幣との交換を前提に発行されました。

中央銀行券は、銀行法などの国家の法律に基づいて、国家紙幣と同じように強制通用力が与えられ、正貨（金など）を準備して紙幣の額面価値を保証しなくとも、経済状況に合わせて通貨の発行を行うことができるようになり、今日に至っています。強制通用力を付与するという点では、今日の中央銀行券は、国家紙幣と変わりがありませんから、なぜ国家紙幣の発行ではなく、中央銀行券なのかが問題となります。この点は、つぎの項目【20】で検討します。

今日では、実質価値を持たない（不換）銀行券でも、信用と法定通貨化による強制通用力の付与で、実体に基づく流通必要貨幣量以上に通貨が発行され、その発行量が操作・管理されるようになっています。実体に基づかずに、供給量を操作・管理できる反面、実体基盤がないことによる不安性が常につきまとうことから、通貨供給の操作・管理のあり方が問われることとなります。

【20】インフレーションの基本的な仕組みは、
どのようなものですか。

 インフレは、
増税と同じですが、その仕組みは絶妙です。

　まずは、クイズです。国家が国民の財布の中身から、誰にも知られずにその一部を抜き取る方法はあるでしょうか。その答えは、インフレを起こすことです。例えば、2％のインフレを起こす政策は、2％の増税を国民に強いることと同じです。しかも、増税の場合は、それだけの税を取られることは認識可能ですが、インフレの場合は、知らない間に取られます。その仕組みは、実に絶妙です。

　そこでまず、インフレとは何かを考えてみましょう。インフレは、流通必要貨幣量を超えて紙幣が発行されることによって生じます。紙幣そのものに、額面通りの価値はありませんが、その額面が示す名目的価値はあります。流通必要貨幣量が100兆円の場合に、100兆円分の価値の代理を紙幣が担うことができます。代理可能な価値額は100兆円ですが、紙幣は、増刷することによって100兆円を超えて発行することができます。仮に200兆円分の紙幣が発行されるとすれば、実質価値1万円の商品を購入するには、額面2万円の紙幣が必要になります。そこには、増刷によって代理できる実質的な価値が半減した紙幣で商品の価値を表すことで、商品価格が2倍になる関係が見られます。このことが、国家紙幣の増刷によって行われ、それによって国民の財布の中身が半減させられれば、国民の反感は、直接国家に向けられます。国家紙幣でのインフレ操作ではなく、中央銀行券によるインフレ操作が行われる理由が、ここにあります。

　中央銀行は、物価の安定を第1の目的としますが、銀行券発行操作を恣意的に行うことが可能です。しかも、経済的な動きに伴う客観的な状況に対応して通貨が発行されるかのような体裁をとりますから、中央銀行券を使ったインフレ操作による非常に巧妙な増税と同じ効果を、国の政策として演出することが可能となります。例えば、景気を浮揚させる目的で2％のインフレ創出をめざして、通貨供給を増やすとします。それが実現できれば、2％の増税と変わりがありません。もしも通貨供給を増大させてもインフレが生じない場合は、さらに問題は深刻です。それは、通貨供給によって増大した通貨が、一般的な国民には手の届かない、株や国債への原資となる可能性が高くなるからです。そのことが、経済格差を拡大させる要因にもなります。

【21】デフレの何が問題なのですか。

デフレが問題なのは、
経済停滞と結びついている特殊な場合です。

　生産力が上がれば、単位時間あたりの商品生産量が増大します。それに伴って、1つの商品にたいする投入労働量が少なくなりますから、1つあたりの商品の価値は、下がります。通貨供給量に変化がなければ、生産力の上昇は、価値を表す価格の下落要因になります。生産力が高まり、価格が安くなり、より多くの生産物が世に出されれば、安い商品がより多く国民に供給されることになりますから、国民の生活は豊かになります。物価水準が下がる傾向をデフレと捉えれば、デフレは、生産力の上昇で示される社会の発展に伴う傾向として、きわめて自然な成り行きといえます。しかし、生産力が上昇している場合でも、価格が下がらないだけでなく、価格が上昇することもありますし、逆にデフレが深刻な問題となることもあります。それらの現象や問題は、生産力と商品価値との本質的な関係からすれば、特殊なケースになります。この特殊なケースの特殊性を確認するためにも、労働と商品の価値、生産力に関する本質的な関係を、あらためて検討することにします。

　商品の価値は、人間労働によって生み出されますので、例えば、1時間の労働によって生産されるイス1脚（きゃく）は、1時間労働の価値を持つ商品となります。社会的平均的にそのイスを1時間の人間労働でつくる場合に、Aという人が1時間20分を要したとしても、それは、1時間労働分の価値を持つ商品となります。熟練したイス職人が同じようなイスを1時間で2脚つくることができれば、社会的平均的労働によるイス1脚の生産が1時間の場合に、その職人は、1時間労働分の価値を持つイスを1時間に2脚つくることになります。熟練職人は、社会的平均的労働の2倍の労働をしたことになりますが、このことは、熟練によって2倍の生産力をあげたことを意味します。仮に多くの人が熟練度を増して、当初の熟練職人の労働が社会的に平均的な労働となれば、生産力の上昇が一般化して1時間労働の投入でイスが2脚つくられ、1脚あたりのイスは、30分労働の成果となります。

　生産力は、同じ単位時間あたりにどれだけの使用価値を生み出すかという度合いを示したものですから、熟練だけではなく、使用する道具や機械、土地や天候などの自然条件の利用の仕方によっても変わってきます。熟練に頼らなくとも、生産力を上げる道具や機械を使えば、1時間に2脚のイスをつくること

が可能になります。そして、そのような道具や機械が普及すれば、社会的平均的な1時間労働で2脚のイスをつくることが可能になります。イスの価値がそのまま価格に反映され、1時間労働分の価値が1000円の場合に、生産力が上昇して1時間労働で2脚のイスが生産されれば、イス1脚あたりの価値が30分労働の成果となり、価格で示せば、イス1脚は、500円になります。このように、生産力が上昇すれば、単位あたりの商品価値は下がり、それがそのまま価格に反映されれば、価格は下がることになります。このようにして、社会の発展の1つの指標となる生産力の上昇と商品価格の下落との相関関係が成り立ち、その商品の価格下落傾向がデフレと捉えられれば、デフレは、商品の価値と生産力との本質的な関係から生ずる自然な成り行きということになります。この自然な成り行きに反して、生産力が上がっても、商品1つあたりの価格が下がらない場合があります。この点を、つぎに考えてみましょう。

　生産力が上がって商品1つあたりの価値が下がっても、その価値を測る通貨の価値が下がれば、商品の価格は、上がります。通貨供給の変化と商品価格との関係は、インフレの仕組みを検討した項目【19】で示したとおりです。生産力が上昇して1つあたりの商品価値の下落要因が働いても、それと同時に、流通必要貨幣量以上に通貨が発行される傾向があれば、商品の価格が上昇することになります。このような状況において、商品1つあたりの価格が上がらなければ、その方がむしろ問題になります。

　流通必要貨幣量を一定と仮定して、その必要貨幣量を超えて通貨供給が上昇する場合に、物価は、基本的に上昇することになります。このことから、物価下落状況にある不況期には通貨供給を増大させる景気浮揚策がとられますが、不況と物価上昇が併存するスタグフレーション（スタグネーション不況とインフレーション物価上昇との合成語）という経済現象は、不況期での有効な金融政策となる通貨供給や公共事業などの有効需要創出のための財政政策を通しての通貨供給がインフレをさらに深刻化させるという、袋小路に陥る資本主義の状況を示します。他方、経済活動が停滞し、不況局面にあるなかで、通貨供給を増大させても、デフレ状況にあるという事態は、資本主義にとっては、さらに深刻な問題となります。供給された通貨が、どこでどのように使われているのかが問われます。それが、経済成長や賃金の上昇に反映されていなければ、多くの国民にとって有効に使われていないことになります。

【22】世界貨幣とは、どのようなものですか。

世界貨幣は、
価値の代表者として世界中で通用する貨幣です。

(5) 世界貨幣 ※ ╫は国境

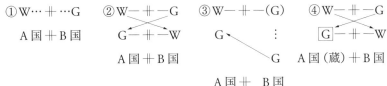

　世界貨幣は、①貨幣の価値尺度、②購買手段としての貨幣、③支払手段としての貨幣、④絶対的富として蓄蔵しても価値減価しない貨幣、という4つの機能を併せ持ち、世界中でその役割を担うことのできる貨幣です。

　世界中で通用する価値を持つ貨幣が、その役割を果たしますから、本来は金貨幣がその機能を担います。しかし、金貨幣は量的な制限がありますから、世界的規模で拡大する資本主義経済に対応するために、世界的に信用や通用力が与えられる特定の通貨で世界貨幣の機能が代用されることになります。例えば、USAドルが世界貨幣の代替通貨（基軸通貨）となる場合に、その機能はつぎのように示されます。①A国の商品W（例えば自動車）が、A国では100万円の価値表示でも、世界貨幣Gで1万ドルと表示されてB国との取引がはじまります。価値尺度の役割は、価値基準が不変であることが条件ですから、ドルの価値が安定していることが、この役割を担う条件になりますし、商品取引を促す条件ともなります。②A国の自動車Wは、1万ドルの世界貨幣Gが購買手段となってB国に引き渡されます。③B国が取引の時点で1万ドルを渡さない場合でも、債権債務の関係が結ばれれば、一定期間後の支払によって債権債務が決済されますから、その際にはドルが支払手段としての機能を果たします。④A国にドル通貨Gが入れば、A国は他の国の商品をドルで購入できますし、外貨準備 G として蓄えることも可能です。世界貨幣としての価値が維持されれば、1年後でも5年後でも、1万ドルは絶対的富 G の役割を果たします。

　世界貨幣は、①から④の機能を通して、世界経済の発展を促しますが、それは、価値の代表者として、価値ある貨幣だからこそ担うことができる役割といえます。特定の通貨が世界貨幣の代用通貨となる場合に、その通貨が世界貨幣を担う条件から離れれば離れるほど、世界経済は不安定化することになります。

IV

資本の
価値増殖の
仕組みについて

【23】資本とは、
どのようなものですか。

 一言　資本は、G—W—G′ で示される
自己増殖する価値の運動体です。

　資本の運動は、その最も単純なかたちを記号で表せば、G—W—G′ となり
ます。運動の終わりの貨幣 G′ は、貨幣 G が増殖したことを示します。その増
殖分を Δ（デルタ）G と捉えれば、G′ は、G＋ΔG と表すこともできます。

　資本の運動 G—W—G′ からわかることは、資本が、貨幣 G と商品 W とい
うかたちをとりながら、増殖した貨幣 G′ となる価値の運動体であることです。
G—W—G′ または G—W—G＋ΔG という記号で示した資本の動きは、貨幣
G が商品 W の購入・販売を通して、増殖した貨幣 G′(G＋ΔG) となることを
示したものです。例えば、1億円の貨幣 G で1億円の商品 W を購入・販売し
て、1億2千万円の貨幣 G′ を得るという運動です。このことは、商売によって
利益をあげることと同じですから、資本主義の資本でなくとも当てはまります。
しかし、資本主義の資本の場合は、増殖した価値 G′ で、社会的な富が増えて
いるかどうかが問われます。個人的に、商人が1億円の価値ある商品を売って、
1億2千万円の利益をあげることができても、2千万円の利益分は、社会的に
みれば、1億円の価値あるものを1億2千万円で買った人が2千万円を負担して
いることになります。その場合は、誰かの得は誰かの損になりますから、社会
的には、富は増えていません。資本主義の主役は資本ですから、資本の運動が、
社会的富の増大や社会の発展と関わることが求められます。

　G—W—G′ で示される資本の運動で、価値増殖分を示す ΔG が社会的富の
増大となれば、その富が誰に集中しようとも、とりあえずは、それが社会の発
展につながります。そこで問題となるのは、社会的富の増大となる資本の運動
G—W—G′ の中身そのものになります。G—W—G′ の中身といっても、G と
W と G′ しかありません。G は、例えば1億円の貨幣で、G′ は1億2千万円の
貨幣ですから、G と G′ の中身は、価値量の大きさの違いのほかには何もあり
ません。中身そのものが問われるとすれば、商品 W になります。

　資本の運動 G—W—G′ が社会的富の増大となる場合に、商品 W が、価値を
生む、または価値を増殖させる商品であれば、問題は解決します。マル経は、
その商品 W を労働力商品と捉えます。

【24】労働力が商品となることの意味は、何ですか。

 労働力商品の売り手は、
二重の意味で、「自由」です。

　労働力を商品と捉えることには、抵抗があるかもしれません。しかし、労働力が商品となることは、歴史的な意味があります。奴隷制や封建制のもとでは、身分的な従属関係に縛られて、自分の労働力を商品として自由に売ることはできませんでした。自分の労働力を売るためには、身分的な従属関係から解放された自由な個人として、労働力を商品として売る権利を持つことが前提になります。もちろん、この権利が保障されるだけでは、労働力の商品化は生じません。自由な個人であっても、自立して経済活動（生産・消費）ができれば、労働力を商品として売る必要はありません。労働力を商品として売るもう1つの条件は、生活をするためには労働力しか売るものがないという状況です。すなわち、生産する手段を持たないことが、労働力を商品として売る条件となります。その状況は、生産手段から見放された「自由」と捉えることができます。労働の担い手は、身分的な従属関係から解放された自由と生産手段から見放された「自由」という、二重の「自由」を享受して、労働力を商品として売ることができるようになります。

　商品売買は、売り手と買い手がいて成立しますので、労働力商品の売り手だけでは、関係が成り立ちません。労働力商品の買い手として、労働力を買って資本の運動に投入する資本家の存在が必要です。資本家は、G—W—G′ という資本の運動の担い手ですから、労働力商品 W を購入するための貨幣 G の持ち手になります。このような、労働力商品の売り手と買い手という役者がそろったところで、資本の運動がはじまります。

　資本の運動 G—W—G′ は、貨幣 G で商品 W を購入しますが、価値生産や価値増殖が問題となりますので、生産を担う産業資本の運動を考えます。その運動は、つぎのような記号で示すことができます。この場合に、貨幣 G で購入する商品 W のうち、機械や道具、原材料などの生産手段を Pm (Produktionsmittel)、労働力を Ak (Arbeitskraft) と表記します。この Pm と Ak との関係を含む価値増殖の仕組みの考察は、つぎの項目【25】の検討課題となります。

$$G—W \left\langle \begin{array}{c} Pm \\ \cdots P（生産）\cdots W′—G′ \\ Ak \end{array} \right.$$

【25】資本の運動と労働力商品の使用価値との関係は、どのようになっていますか。

 資本の運動にとって、
労働力商品の使用価値は優れものです。

　労働力という商品は、商品ですから使用価値と価値を持つことになります。使用価値も価値も重要な意味を持ちますが、まずは、その使用価値について検討します。

　資本の運動における労働力商品の使用価値は、次の3点です。①新たな生産物を生み出す。②生産手段の価値を新たな生産物に移転する。③新たな価値を生み出す。労働力の使用は、労働そのものですから、3点の内容は、資本の運動において果たす労働の役割となります。この点を、記号で示した産業資本の運動で確認してみます。資本は、価値の増殖運動ですから、価値量（例えば100億円を100とします）を入れて、その運動を示すと、次のようになります。

$$G100—W \left\langle \begin{array}{l} Pm80 \longrightarrow \\ 100 \qquad \cdots P(生産)\cdots W' \left\langle \begin{array}{l} 80 \\ 120—G'120 \\ 40 \end{array} \right. \\ Ak20 \longrightarrow \end{array} \right.$$

　ここでは、100億円の貨幣Gで、80億円分の機械や原材料という生産手段Pmを商品Wとして購入し、20億円で労働力Akを商品Wとして購入することが示されています。購入した労働力を使って新たな生産物を商品W'として生産しますが、その生産過程で、労働によって、①新たな生産物の生産、②生産手段Pmの価値（80億円）の移転、③新たな価値生産（新たにAkを購入する部分とそれを超える部分の合計40億円と仮定）が行われます。この①②は、新たな生産物W'の具体的な製品に関わる労働によって生み出されます。例えば自動車生産でしたら、自動車を生産する機械・道具や原材料Pmを使って自動車が生産され、生産手段Pmの価値部分も具体的な自動車生産作業によって生産される自動車の価値として移転されます。この①②の役割を担う労働は、具体的有用労働となります。一方、③の新たな価値生産は、自動車生産作業という具体的な労働ではなく、商品の価値を生み出す抽象的労働の産物になります。新たな生産物の生産過程で生産される商品W'は、具体的有用労働によって価値移転されたPm部分の80億円と、抽象的人間労働によって新たに生産された40億円とによって構成された120億円の価値を持つ商品W'となり、その商品が売られて120億円の貨幣G'となります。この価値増殖の仕組みを、つぎの項目【26】では、増殖に関わる資本と関わらない資本との関係で検討します。

【26】資本の価値増殖の仕組みは、どのようになっているのですか。

 価値増殖に関わる資本（可変資本 v）と関わらない資本（不変資本 c）との区別と関連で、その仕組みを説明することができます。

産業資本の運動は、貨幣 G100 で購入した商品 W（生産手段 Pm80 と Ak20）を使って、新たな商品 W′120 を生み出し、その価値を G′120 として実現するという価値増殖する運動として、下記のように記号で表すことができました。

$$G100—W\begin{cases}Pm80 \longrightarrow \\ 100 \quad \cdots P（生産）\cdots W′ \\ Ak20 \longrightarrow \end{cases}\begin{cases}80 \\ 120—G′120 \\ 40\end{cases}$$

この産業資本の運動で、価値増殖に関わるのは、労働力商品 Ak ですから、価値増殖に関わる資本は、労働力 Ak を購入する資本になります。この資本投下部分を、価値の変化に関与するという意味で、可変資本（記号で v と表記）と捉えます。一方、価値増殖に関与しない生産手段 Pm（機械や道具、原材料など）に投下される資本を、価値の変化に関与しないという意味で、不変資本（記号で c と表記）と捉えます。そこで、産業資本の運動は、不変資本 c と可変資本 v、増殖分を α（アルファ）という記号で示せば、次のようになります。

$$G100—W\begin{cases}80c \longrightarrow \\ 100 \quad \cdots 生産 P \cdots W′ \\ 20v \longrightarrow \end{cases}\begin{cases}80c \\ 120—G′120 \\ 40（v+α）\end{cases}$$

最初に投下される G100 は、不変資本 80c と可変資本 20v ですから、投下資本は、80c＋20v で、新たな生産物の価値は、80c＋40（v+α）で示すことができます。ここで何が問題かといえば、それは記号表記の c と v、それと α との関係です。生産過程 P で不変資本 80c が価値移転され、20v の可変資本で新たな価値 40（v+α）が生み出される関係に重要な意味があります。それは、資本の運動が 20v による 40（v+α）の価値増殖関係で示されることです。

これまで、資本の価値増殖の仕組みを、不変資本 c と可変資本 v との区別、80c の価値移転と 20v による価値増殖の区別に注目して検討してきました。その際に、価値増殖分を α と捉えましたが、価値増殖を考察するうえで、その増殖分の内容が問題になります。つぎの項目【27】で、価値増殖分が何かを詳しく検討します。

【27】剰余価値とは、どのようなものですか。

 剰余価値は、
資本の「もうけ」の本質です。

　資本は、利潤（もうけ）を出してこそ資本ですし、自己増殖する価値の運動体としての資本を資本たらしめるものは、価値増殖分に当たる利潤（もうけ）です。マル経は、この利潤（もうけ）の源泉が労働にあることをつきとめ、その価値増殖分を剰余価値（mと表記）と捉えます。剰余価値は、「余っている」という意味ではなく、あるものを超える「より以上（ドイツ語でmehr）」という意味を持ち、労働力の価値を超える「より以上」ということで、剰余価値（ドイツ語でMehrwert）と捉えます。産業資本の運動を示す記号表記をもとにして、この剰余価値と労働との関係を確認してみます。

$$G100—W \begin{cases} 80c \longrightarrow \\ 100 \cdots 生産 P \cdots W' \\ 20v \longrightarrow \end{cases} \begin{cases} 80c \\ 120—G'120 \\ 40(v+m) \end{cases}$$

　生産過程Pにおいて、労働は、労働力の価値に相当する20vを生産するだけでなく、それを超える価値を生み出します。新たに生み出される価値が40であれば、労働力の価値部分を超える剰余価値は、20mとなり、生産過程で生み出される新たな価値は、40(20v＋20m)になります。記号表記では、生産された生産物 W′ は、生産手段（不変資本）の価値移転部分80cと新たな価値40(20v＋20m)とで、120の価値となることが示されています。これまでは、価値増殖の関係を記号で表示しましたが、つぎに問題となるのは、新たに生み出される40の価値部分と労働との関係になります。すなわち、新たに生産される価値がなぜ40なのか、20vと20mを生み出す労働がどのようなもので、その労働でどのようにして20vと20mが生み出されるのかが問題となります。

　新たに生産される40の価値を生み出す労働のうち、労働力の価値が20で剰余価値が20であれば、それぞれの価値を生み出す労働量は等しくなりますが、問題は、20vと20mを生み出す労働量がどのようにして決まるのかということです。この労働量の考察は、価値増殖分である剰余価値を生み出す労働量との関係で資本の価値増殖の仕組みを明らかにするうえで重要な意味を持ちます。そこでまず、労働力の価値を生み出す労働について、つぎの項目【28】で検討することにします。

【28】労働力商品の価値を生み出す労働は、どのようなものですか。

 労働力商品の価値を生み出す労働は、
労働力を健全な状態で再生産するための必要労働になります。

　商品の価値が、生産に要する社会的に必要な労働量によって大きさが決まるのと同様に、労働力商品の価値も、労働力を生み出すための労働量によって大きさが決まります。労働力を生み出すための労働量は、労働力を再生産するのに必要な労働量になります。例えば、1日4時間働いた成果によって、労働力を正常な状態で回復させるだけの生活費がまかなえるとすれば、労働力の再生産に必要な労働量は、1日4時間になります。質的に等しい抽象的人間労働を考えて、社会的に平均的な人間労働を4時間行うことで、健全な状態での労働力の再生産ができると仮定すれば、この4時間が必要労働時間となります。この必要労働時間4時間を超える労働が、「より以上（剰余 mehr）」ということで、剰余労働時間になります。例えば、1日の労働時間が8時間の場合に、必要労働時間が4時間、剰余労働時間が4時間になります。労働力を再生産させるのに必要な労働時間が4時間ということは、4時間の労働をすることで、少なくとも人間も社会も再生産できることを意味します。それ以上の労働は、再生産する基盤を形成したうえでの労働ですから、より豊かな生活、より豊かな社会を形成するための労働になります。剰余労働は、どの歴史社会にもありますし、その支出によって人間は発展してきました。資本主義では、必要労働時間で労働力商品の価値を生み出し、剰余労働時間で剰余価値を生産します。この必要労働時間と剰余労働時間との関係は、資本主義のもとでは、労働力商品の価値の生産と剰余価値の生産との関係になりますので、剰余価値の生産の仕方に関する項目【29】以降で、詳しく検討します。

　労働力商品の価値は、賃金として支払われますので、その関係は、項目【33】で説明しますが、まずは労働力商品の価値の中身を確認しておきます。労働力が必要労働によって再生産されることは、どの社会でも変わりませんが、商品として再生産される場合は、とくに重要な意味を持ちます。欠陥があるものが商品とならないのと同様に、商品としての労働力も、欠陥のない正常な状態での再生産が求められますので、労働力商品の価値は、精神的・肉体的に健全な状態で労働力を再生産するのに必要な費用によって決まることになります。

【29】労働時間の延長と剰余価値生産との関係は、どのようになっていますか。

労働時間の延長は、
剰余価値の生産を増大させる常套手段です。

　労働時間には、労働力を再生産するための必要労働時間とそれを超える剰余労働時間がありました。1日の労働時間が8時間だと仮定して、必要労働時間を4時間だとすれば、剰余労働時間は4時間になります。この関係は、[図1]ように示されます。

　資本主義において、必要労働時間で労働力の価値を再生産し、剰余労働時間で剰余価値を生産する関係は、[図2]のように示されます。

　1日8時間労働として、4時間の必要労働時間で労働力の価値20vを、4時間の剰余労働時間で20mを生み出すと仮定すれば、20mをさらに増大させる方法として、労働時間の延長が考えられます。剰余労働時間を延長させれば延長させるだけ、剰余価値の生産が増えることになります。例えば、労働時間が、2時間延長されて、10時間になれば、必要労働時間が4時間で変わらない場合、剰余労働時間が6時間になり、それによって生み出される剰余価値は、30mに増大します。このような、労働時間の絶対的な延長による、剰余価値の生産を、絶対的剰余価値の生産と捉えます。資本は、剰余価値追求を本性としますから、この本性から、労働時間の延長は、剰余価値追求のための常套手段となります。

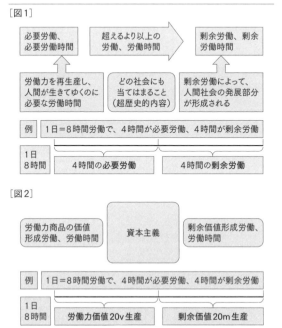

[図1]

[図2]

【30】労働の「搾取」は、
どのようになっているのですか。

 資本主義における「搾取」は、2種類の不払労働を区別することで、
真相が究明されます。

　労働の「搾取」に関しては、様々な歴史社会のもとで、様々な「搾取」の仕方
があります。奴隷制社会では、奴隷は、奴隷主の所有物としてすべての労働が
搾り取られました。封建制社会では、農民は、労役として直接労働が搾り取ら
れる場合もあれば、貢納というかたちで労働の成果が搾り取られる場合もあり
ました。それらの労働の「搾取」で共通することは、他人の労働の成果を無償
で取得することです。他人の労働の成果を無償で取得する場合に、誰の労働の
成果を誰がどのように無償で取得するのかで、奴隷制的な労働の「搾取」か封
建制的な労働の「搾取」かの違いが生じます。労働の「搾取」を他人の労働の成
果を無償で取得することと捉えれば、資本主義における「搾取」が問題となる
場合も、誰のどのような労働の成果が誰によってどのように無償で取得される
のかを明らかにすればよいことになります。

　資本主義における「搾取」は、資本家が労働者の労働の成果を無償で取得す
ることですが、この点に関して、誰でも認識できることは、労働者にたいする
不払労働が強いられることです。不払労働は、賃金が支払われないサービス労
働が強いられる場合に、誰の目にも明らかに労働の「搾取」と捉えられます。
しかし、もう1つの深刻な不払労働は、なかなか気づかれません。

　労働者が資本家のもとで8時間労働する場合に、労働力を再生産するための
労働の成果を、例えば4時間の労働で生み出し、それが自分に支払われる賃金
部分になるものとします。自分で自分の賃金部分を生み出す労働をするわけで
すが、その部分を超える4時間の労働は、資本家の利潤を生み出す労働となり
ます。その剰余労働が利潤の源泉になるのですから、働き手にとっては不払労
働であっても、資本家にとっては成果物の正当な取得になります。取得権を考
えれば、その不払労働部分は、「搾取」といえないかもしれません。しかし、
労働の担い手が自らの労働の成果を取得できる人間社会を基準に考えれば、そ
れは、他人の労働の成果を無償で取得する行為ですから、労働の「搾取」と捉
えられます。この「搾取」は、資本主義において労働力を商品として売って生
活せざるをえない働き手にとっての「宿命」といえます。

【31】標準労働日の要求は、今でも必要なのですか。

 時を経ても、
資本主義であるかぎり、要求の必要性はあります。

　労働日を9時間に短縮するためにロンドンの建築労働者が大ストライキを実施した際の委員会の声明に関して、マルクスが「労働力商品」の価値概念を使って代弁した文章を、そのまま引用します。その要求は、今でも有効です。
　「私があなたに売った商品は、その使用が価値を創造し、しかもそれ自身が値するよりも大きな価値を創造するという点で、他のありきたりの商品とは区別される。これこそあなたがその商品を買う理由であった。あなたの側で資本の増殖として現われるものは、私の側では労働力の余分な支出である。あなたと私とは、市場ではただ一つの法則、すなわち商品交換の法則を心得ているだけである。そして商品の消費は、それを譲渡する売り手のものではなく、それを手に入れる買い手のものである。それゆえ、私の日々の労働力の使用はあなたのものである。しかし、私の労働力の日々の販売価格を媒介にして、私は日々この労働力を再生産し、それゆえ新たに売ることができなければならない。年齢などによる自然的な消耗を別にすれば、私は、明日も今日と同じ正常な状態にある力と健康とはつらつさで労働できなければならない。（中略）私は毎日、労働力の正常な持続と健全な発達とに合致する限りでのみ労働力を流動させ、運動に、すなわち労働に転換しよう。労働日を無制限に延長することによって、あなたは、1日のうちに、私が3日間で補塡できるよりも多くの量の私の労働力を流動させることができる。（中略）もし1人の平均労働者が合理的な労働基準のもとで生きることのできる平均期間が30年であるとすれば、あなたが連日私に支払う私の労働力の価値は、その総価値の $\frac{1}{365 \times 30}$ すなわち $\frac{1}{10950}$ である。ところが、もしあなたが私の労働力を10年間で消費するとすれば、あなたが私に日々支払うのは、その総価値の $\frac{1}{3650}$ ではなく $\frac{1}{10950}$ であり、したがってその日価値の $\frac{1}{3}$ にすぎない。それゆえ私の商品の価値の $\frac{2}{3}$ を日々私から盗むのである。あなたは3日分の労働力を消費しながら、私には1日分の労働力を支払うのである。これは、われわれの契約および商品交換の法則に反する。したがって、私は標準的な長さの労働日を要求するのであり、しかもあなたの情に訴えてそれを要求するのではない。（中略）私は標準労働日を要求する。なぜなら、私は他のすべての販売者と同じように、私の商品の価値を要求するからである。」(KI, S. 248-249, ② pp. 396-398)

【32】機械化と剰余価値生産との関係は、どのようになっていますか。

 機械の使い方には2種類あり、資本主義的な使用によって、剰余価値生産が拡大します。

　機械は、非常に便利なもので、人間の生活には欠かせないものになっています。家庭内の電化製品を考えれば、人間労働を軽減させ、快適な暮らしを支えるパートナーの役割を担います。これが、機械の本来的な使い方です。一方、機械が資本主義的に使われるとどうでしょうか。19世紀初頭のイギリスで、「ラッダイト運動」という機械打ちこわし運動が生じました。機械の使用によって職を奪われる恐れを抱いた労働者が、機械の打ちこわしを行ったのです。機械が熟練工の職を直接奪うだけではなく、当時は、安い労働力として、女性や児童が機械作業に従事させられましたので、安価な労働力によって職を奪われる成人男性労働者も、機械の打ちこわしに加わりました。

　機械は、その本来の役割として、人間にとっての労働の軽減、労働時間の短縮やきつい仕事の緩和など、労働環境や生活環境において、人間を助ける役割を担います。しかし、機械が資本主義的に使われることで、その内容は一変します。機械が労働強化や労働時間延長の手段になります。もちろん、機械によって職を奪われる働き手も出てきます。問題は、機械の資本主義的な使われ方にあります。

　それでは、資本主義的な機械の使われ方とは、どのようなものでしょうか。資本主義的な使用とは、利潤追求のための使用ということになります。ここではすでに、利潤の本質を剰余価値として考察していますから、剰余価値の追求のための機械の使用になります。剰余価値の追求のための機械の使用を考えることで、資本主義的生産における機械の役割が明らかになります。当時のイギリスの労働者が、なぜ機械打ちこわしに加わってしまったのかも、理解できるかもしれません。打ちこわしは問題ですが、事情はくみ取ることができます。

　あらためて、機械が剰余価値生産の手段として使われることが、どのようなもので、どのような問題が生ずるのかを考えることにします。

　機械は、労働を軽減するものですが、そのような機械は、生産力をあげる手段として捉えることができます。生産力があがることは、社会の発展にとって望ましいことですが、資本による生産力の促進は、より多くの利潤をあげるためという目的を持ちます。価値増殖における本質的な関係が見えなくなる利潤というかたちよりも、剰余価値の生産で捉えれば、資本による生産力の推進が、

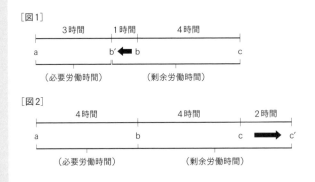

[図1]

　　　3時間　　1時間　　　4時間

a　　　　　　　b′ ← b　　　　　　　c

　（必要労働時間）　　　（剰余労働時間）

[図2]

　　　4時間　　　　4時間　　　　2時間

a　　　　　　　b　　　　　　　c → c′

　（必要労働時間）　　（剰余労働時間）

剰余価値生産とどのように結びついているのかが明確になります。

　機械は、生産力を高めますが、機械の普及に伴う社会全体の生産力の上昇は、労働者の生活を支える諸商品の価値を下げる要因になりますから、労働力の再生産費が下がり、それを生み出すのに必要な労働時間が短縮します。1日の労働時間が変わらなければ、必要労働時間の短縮は、剰余労働時間の相対的な延長になりますから、剰余価値生産は、拡大します。この生産は、相対的剰余価値の生産と捉えられます。その関係を示したものが、[図1]です。必要労働時間がa-bからa-b′に短縮されることによって、剰余労働時間がb-cからb′-cに延長され、それによって生産される剰余価値が増大します。

　機械による生産力の上昇作用は、労働時間だけではなく、取り扱うべき機械の範囲の拡大や運転速度の上昇による緊張状態の増大による労働強化を生むことになります。また、機械による労働時間の短縮ではなく、機械の稼働率を優先させて、労働時間を延長したり、昼夜交替制をとって、24時間機械を稼働させることもあります。このことは、すでに検討した絶対的剰余価値の生産の推進にもつながります。[図2]のような延長が、機械によって促されることになります。

　資本主義的な機械の使用は、すでに示したように、安価な追加的労働力の広がりを促します。今では、安い労働力としての児童労働の導入はありませんが、安い労働力としての外国人労働の導入は、今でも見られる傾向といえます。

【33】剰余価値率とは、どのようなものですか。

 剰余価値率は、本質的な関係で示される資本の増殖率で、
記号では、m/v で示されます。

　資本の価値増殖の仕組みを検討してきましたが、資本の運動にとっては、価値増殖がどれほどかが最も重要な問題になります。その資本の運動の成果を示す指標が、資本の増殖率です。資本の増殖率として、誰でも認識できるものは、のちの項目【51】で検討する利潤率ですが、そのような現象形態をとる増殖率の、本質的な内容の検討が、ここでの課題となります。これまで、価値増殖の仕組みを検討して、労働によって価値生産と価値増殖が行われ、資本の価値増殖分が剰余労働によって生み出される剰余価値であることがわかりました。また、資本の価値増殖は、つぎのような記号で示すことができました。

$$G100-W \begin{cases} 80c \longrightarrow \\ 100 \quad \cdots P(生産)\cdots W' \\ 20v \longrightarrow \end{cases} \begin{cases} 80c \\ 120-G'120 \\ 40(20v+20m) \end{cases}$$

　価値増殖は、可変資本 20v で購入した労働力を使って、労働によって生み出された新たな価値のうち、20v を超える 20m 部分でした。価値増殖分の 20m を生み出す資本は可変資本 v ですから、20v が 20m の増殖分を生み出したことになります。この 20v と 20m によって示される資本の増殖率が、剰余価値率になります。20v で 20m を生み出すことから、剰余価値率は、20m/20v で表されます。その場合に、剰余価値率は、100％となります。

　これまで価値増殖の仕組みを検討した際には、剰余価値率を100％と仮定して、話を進めてきました。その仮定は、剰余価値率を一定として、価値増殖の関係そのものを明らかにするねらいがあってのことでした。しかも、計算を複雑にしないために、剰余価値率を100％と仮定しました。資本のさらに複雑な運動、あるいはその際の関係を考察する際にも、基本的には、剰余価値率を100％と仮定して、話を進めることになります。しかし、すでに項目【29】や【32】で、より多くの剰余価値を追求する資本の動きを検討しましたが、その場合には、剰余価値率の増大が問題でした。資本は、その本性としてより多くの剰余価値を追求しますから、剰余価値率を上昇させる傾向を持ちます。そこで、そのような資本による剰余価値の追求を、剰余価値率の観点から再確認することにします。

　剰余価値率 m′ は、つぎのような式で示すことができます。

$$\text{剰余価値率 } m' = \frac{\text{剰余労働}}{\text{必要労働}} = \frac{\text{剰余価値 } m}{\text{労働力の価値 } v} = \frac{\text{剰余価値 } m}{\text{可変資本 } v} \quad \frac{m}{v}$$

　剰余価値率が100％の場合は、すでに例示した必要労働4時間で20vの労働力の価値部分が生産され、剰余労働4時間で20mの剰余価値が生産される場合でした。その関係は、［図1］で示されます。

　項目【29】で検討したように、労働時間の絶対的な延長による剰余価値が増大する場合に、剰余価値率は、30m/20vで、150％になります。その関係は、［図2］で示されます。

　項目【32】で検討した相対的な剰余価値生産としてのより多くの剰余価値の追求は、［図3］で示されますが、その際には、剰余価値率は、25m/15vで、約167％になります。

　剰余価値率（m/v）で示される関係について、これまでは、主に剰余価値mの生産に焦点を当てて検討してきました。つぎの大項目〈Ⅴ〉では、労働力の価値vに焦点を当てて、その現象形態としての賃金との関係を検討することにします。

［図1］

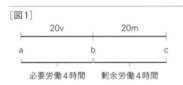

［図2］

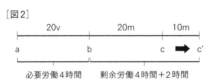

［図3］

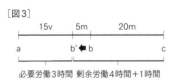

V

労働力の
価値と賃金に
ついて

【34】労働力商品の価値と賃金との関係は、どのようになっていますか。

> 💬 労働力商品は、賃金形態では、
> 「労働」にたいする支払となります。

　資本の価値増殖運動を考察する際に、労働力という商品は、非常に重要な役割を担うものでした。労働力を商品と捉えることの意味は、項目【25】で検討したように、その使用価値が、新たな生産物を生み出し、生産に必要な生産手段の価値を移転させるだけでなく、新たな価値を生産することでした。その新たに生み出される価値の内訳が、資本の価値増殖における本質的な関係を示しますので、価値増殖に関わる諸項目【26】～【33】で検討したように、労働力の使用としての労働と労働力商品の価値の把握は、資本の価値増殖の仕組みを明らかにするうえで、重要な意味を持ちました。

　新たに生産される価値の内訳は、必要労働によって生み出される労働力商品の価値部分と、必要労働を超える剰余労働で生み出される剰余価値でした。また、労働力を商品として捉えることは、資本の価値増殖の仕組みを本質的な関係に基づいて明らかにするだけではなく、常に正常な状態で販売されなければならない商品として労働力を捉えることで、その価値が、精神的にも肉体的にも健全な状態で再生産されるために必要とされる必要労働によって生み出されることがわかりました。このことの理解は、とりわけその商品の売り手としての働き手にとって、重要な意味を持ちますが、その道理は理解できても、現実はそのようになっていないことから、ほとんどの働き手にとって、現実の流れに乗らざるをえないという事情があります。それは、働き手の問題ではなく、その関係が見えなくなっている事情そのものに根本原因があります。

　労働力商品の価値は、価格という形態、具体的には賃金という形態をとります。働き手が売る商品は、労働力商品ですが、賃金は、「労働」にたいする支払となります。商品の価格を誰でも認識できるように、賃金も、誰でも「労働」にたいする支払と捉えられます。日本の「労働基準法」にも、その第11条で、「この法律で賃金とは、賃金、給料、手当、賞与その他名称の如何を問わず、労働の対償として使用者が労働に支払うすべてのものをいう」と明示されています。働き手が売ってその対償として受け取るものは、法律で明示されているように、労働力の価値ではなく、「労働」の対償となります。このことは、何を意味するのでしょうか。

　働き手に支払われるものが、労働力商品の価値ではなく、「労働」にたいす

V

労働力の価値と賃金について

[図]

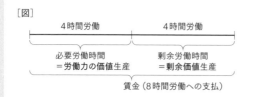

る対償となる関係は、商品の価値（本質）と価格（現象形態）との関係と同様に、労働力商品の価値（本質）と「労働」にたいする支払＝賃金（現象形態）という関係として捉えられます。この本質と現象との関係を把握することは、例えば、現象に囚われる天動説と科学的に解明される地動説との関係を理解することに通じますが、働き手にとっては、重要な意味を持ちます。

　労働力商品の価値にたいする支払と「労働」にたいする支払としての賃金との関係は、その根拠となる労働に焦点を当てれば、その違いは、明白です。その関係は、[図]に示されているとおりです。

　1日の労働時間を8時間とし、労働力商品の価値生産に相当する必要労働時間を4時間、それを超える剰余労働時間を4時間とした場合に、労働力の再生産費は、4時間の必要労働で生み出されます。一方、賃金として働き手に支払われるのは、8時間の「労働」にたいする支払になります。項目【30】で、2通りの不払労働があることを示しましたが、本質的な関係からすれば、労働力の再生産費は、4時間の労働によって生産されますので、それを超える剰余労働は、剰余価値の生産となり、利潤の源泉になります。剰余労働部分の4時間が支払われないので、その部分の労働で利潤が生じます。しかし、賃金という形態は、8時間の労働がすべて支払われることを示しますから、4時間の剰余労働部分は、不払ではなく、支払労働になります。このように、労働力商品の価値が賃金という形態をとることによって、剰余価値を生み出す関係が、まったく見えなくなります。

　このような、剰余価値生産に関する本質的な関係を隠蔽する賃金形態は、労働力商品の価値という本質の必然的な現象形態として捉えられますが、なぜ労働力商品の価値が賃金という現象形態をとるのかという点は、つぎの項目【35】で検討します。

V

056

労働力の価値と賃金について

【35】労働力の価値は、なぜ賃金形態をとるのですか。

 労働力商品の特殊性が、
「労働」にたいする支払の根拠となります。

　なぜ労働力商品の価値が賃金形態をとるのかという問題は、本質と現象との関係の2段階解法を必要とします。労働力商品の価値について、価値（本質）と価格（現象形態）との関係にあるのは、例えば、4時間の必要労働によって再生産される労働力の価値が1万円という価格で示されるというように、商品としての労働力の価値と価格になります。この労働力商品の価格が、賃金という形態をとるのは、労働力の価格が、「労働」の価格になることを意味します。この関係は下の［図］のように示されます。

　必要労働4時間分で生産される労働力の価値が価格で表示されて1万円として捉えられますが、賃金の場合は、それが8時間の「労働」にたいする支払分の1万円になります。問題は、なぜ労働力の価格が、「労働」の価格になるのかということです。この問題を解くカギは、労働力という商品そのものにあります。労働力商品の売り手は、労働の担い手です。一般の商品は、買い手が商品を買ってしまえば、その商品の使用は、買い手の自由です。労働力商品も、その商品の使用は、買い手である雇用主の自由です。しかし、労働力商品の場合には、売り手である労働の担い手と商品とが不分離ですから、売買が成立して商品が買い手に渡っても、その使用価値の実現は、使った後でなければ確認できません。この点が、労働力商品の特殊性です。この特殊性から、労働力商品にたいする支払は、その使用を確認してからの支払になります。労働力の使用は「労働」ですから、「労働」にたいする支払として、商品の売り手には、その価格が賃金として後払されます。

　賃金には、前払もありますが、それは、特定の労働力商品の確保が難しい場合か、その使用が確実な状況という、特殊な場合になります。賃金が後払であっても、前払であっても、労働力商品の特殊性から、「労働」にたいする支払にならざるをえません。しかし、「労働」の価格という捉え方に不合理な点がありますので、その点を、項目【36】で検討することにします。

［図］

1万円分の価値生産	1万円分の価値生産
必要労働　4時間 ＝労働力の価格1万円	剰余労働　4時間 ＝剰余価値1万円

賃金1万円（8時間労働への支払）

【36】「労働」の価格という捉え方には、どのような問題があるのですか。

 「労働」の価格という不合理な捉え方が問題になります。

　一般的な商品の価値が労働量によって変動し、価格が需要と供給や主観的な要因などによって変動するように、労働力商品についても、その価値と価格の変動では、同じことがいえます。しかし、労働力の価格が「労働」の価格になることで、変動要因の内容も変化します。「労働」の価格そのものが根拠のない不合理なものですから、「労働」の価格設定には、買い手にとって好都合な主観や思惑が入り込みます。そこでまず、なぜ「労働」の価格という捉え方が不合理なのかを検討することにします。

　不合理とは、道理に合わないことですから、「労働」が商品として売買の対象になり、その商品に価格がつくことが道理に合わないのはなぜかが問題になります。その問題を考える際に、まず道理に合う事柄が何かを確認する必要があります。この道理に関しても、天動説と地動説を例とすることで、その関係がわかりやすくなります。太陽は、東から昇って西に沈みますから、太陽が地球の周りを回っているように見えますが、実際にそのように見えますから、天動説には、その意味では、道理があります。しかし、太陽と地球との本質的な関係は、科学的に証明されているように、地球が自転しています。地球が自転しているので、太陽が地球の周りを回って見えることになります。このことは、科学的に導き出される道理です。この道理に照らせば、天動説は、道理に合わない不合理なものといえます。道理に関していえば、労働力商品把握が地動説に、「労働」商品把握が天動説に当たります。これまでは、労働力商品の価値と賃金との関係について、科学的にその道理を導き出す試みを行ってきました。その際に、働き手が商品として売るものは、労働力であって「労働」ではないことが示されました。労働力が商品ですから、その使用価値と価値があり、その使用価値が資本の価値増殖にとって重要な役割を持つものとして捉えられました。また、その価値も、再生産に必要な労働によって生み出されること、しかも正常な状態での商品の再生産が問題となることから、その再生産費が健全な状態での労働力の再生産を可能にするものでなければならないこともわかりました。さらに、労働力商品の買い手にとっては、労働力の使用が問題ですので、その使用としての労働が念頭にあることから、買い手の求人は、その具体的労働、例えば、機械の組立作業員の募集というような、具体的労働を念頭に

置いた求人となることも、労働力商品把握から導き出される道理になります。また、項目【35】では、労働力商品の価値がなぜ賃金という形態をとるのかという、本質から現象への必然的な転化も論証できました。このように導き出された論理的な考えに道理があるとすれば、「労働」の価格という捉え方は、道理に合わない不合理な捉え方になります。しかし、道理に合わない不合理な事柄でも、それを合理化する手立てはあります。しかも、天動説に関わる、実際に見える現象を拠り所にしている道理は、人間生活にも活かされますので、それもまた道理として成り立つことになります。

　道理がないものは、その捉え方を合理化するために、法律などによる「決まり事」が必要になります。このことは、ある意味では、道理にかなっています。例えば、日が昇って沈むまでが昼間で、日が沈んでまた昇るまでが夜間ですから、そのことによって生活習慣も決まりますし、それに伴う「決まり事」も生じます。しかし、地球にいる間は、それも道理として成り立ちますが、地動説、あるいは宇宙を念頭に置いた視野で地球を考えれば、その道理は成り立たなくなります。このよう関係があることを念頭に置いて、もう一度、「労働」の価格という捉え方を確認してみます。

　労働力でしたら、商品として売られる際には、売り手のもとに存在していますが、「労働」は存在していません。また、「商品」価格の根拠となる価値は、労働によって生み出されますが、「労働」の価格を労働で生み出すという関係は成り立ちません。このようなことからも、「労働」の価格という捉え方は、不合理なことになりますが、道理がないことを、人間の恣意的な「決まり事」によって合理化することは可能です。その「決まり事」は、まず法律によって与えられます。日本では、労働基準法第11条がそれに当たります。また、「労働」の価格について、売り手と買い手との「決まり事」が雇用契約として交わされます。その際には、とりわけ労働を使って利益をあげる買い手の事情や思惑が強く反映されます。このような、「労働」の価格を合理化する「決まり事」によって、どのような影響が働き手に及ぼされるのかという問題は、つぎの項目【37】と【38】で検討することにします。

【37】「労働の対価」としての賃金には、どのような問題があるのですか。

賃金には、
労働力価値以下への支払傾向があることがわかります。

労働の「価格」という捉え方が合理化される「決まり事」としてあげられる法律を、もう一度確認します。「労働基準法」の第11条では、賃金は、「この法律で賃金とは、賃金、給料、手当、賞与その他名称の如何を問わず、労働の対償として使用者が労働に支払うすべてのものをいう」というように、「労働の対償」と規定されています。この法律で、「賃金、給料、手当、賞与その他名称の如何を問わず」、「労働に支払うすべてのものをいう」と規定されているように、「労働」に支払われるものは何でも賃金とすることが、法律で決められています。「労働」にたいする支払であれば、何でもありということです。しかし、何でもありということは、その根拠が明確でないことの証にもなります。法律は、「決まり事」そのものですから、なぜ「労働の対償」が賃金なのかを問わず、あるいは問えず、「決まり事」として賃金を規定するだけになります。あとは、この「決まり事」に基づいて、労働を使う者と使われる者との間で、賃金に関する「決まり事」が確認されればよいことになります。

賃金は、「労働の対償」、「労働の対価」と規定されていますから、「労働」の価格がどのようにして決まるのかが問題になります。その場合に、価格を規定する要因が、そのまま当てはまります。ただし、賃金に関する「決まり事」は、「労働」の使用によってより多くの利益をあげようとする使用者主導の「決まり事」ですから、働き手は、受け身の立場で、その「決まり事」に対応することになります。そこから生ずる問題を、つぎの4つの項目（1）需要・供給要因、（2）主観的要因、（3）賃金体系、（4）地域間格差、について検討します。

（1）需要・供給要因

一般的な商品と同様に、「労働」の価格も、需要と供給によって変動します。例えば、好景気の時には、「労働」にたいする需要が高まりますから、賃金水準は高まる傾向があり、それとは逆に、不況の時には、賃金は下がる傾向があります。賃金は、景気変動に左右されやすいのですが、健全な状態での労働力の再生産費は、景気変動には左右されません。

（2）主観的要因

労働力の価値は、あくまで精神的・肉体的に健全な状態での労働力の再生産が問題となりますので、同じような労働力の支出であれば、同じような労働力

の価値になります。その際に、同じ労働力の支出と社会的に認められれば、労働力の価値に関しては、男女の別、年齢の別、障害があるなしの別は、問題になりません。障害を持っていても、同じような労働力の発揮は可能です。もちろん、障害がある場合は、人権に関わりますから、同じ尺度で労働を考えることはできません。ただ、同じ労働力の支出が可能であれば、障害のあるなしで、労働力の価値が変わることはありません。しかし、賃金の場合は、男女の差や年齢差、障害のあるなしが主観的要因として、その価格設定に入り込みます。

（3）賃金体系

　賃金体系は、「賃金とは、賃金、給料、手当、賞与その他名称の如何を問わず」と法律で示されているように、賃金の支払として構成されている諸項目によって成り立つ賃金の組み合わせになります。日本では、例えば、基本的な給料となる基本給があり、それに加えて家族手当や住宅手当、通勤手当などの諸手当、賞与などで賃金体系が構成されています。賃金体系に基づいて、各人の事情にそって賃金が支払われますが、精神的・肉体的に健全な状態で生活できるだけの賃金は、基本給だけではなく、諸手当や賞与を入れてようやく達成される場合が少なくありません。そのことを考えれば、諸手当や賞与が入らない場合は、労働力商品の価値以下の賃金支払になる可能性が高まります。

（4）地域間格差

　日本では、「最低賃金法」によって、最低賃金の基準が決められています。ただし、その最低賃金の基準は、都道府県によって異なります。例えば、最低賃金が、全国平均で900円であっても、1000円を超えるところもあれば、800円を下回るところもあります。地方によって、生活水準が違うことなどが反映されてのことですが、「日本国憲法」第25条で示されている「健康で文化的な最低限度の生活を営む権利」が全国どこでも保障されるような「最低賃金」が示されているかどうかが問われます。言い換えれば、「日本国憲法」の理念に照らせば、健全な状態での労働力商品の再生産費を「最低賃金」とすることが求められますが、そのことが実現されているかどうかが問われることになります。

　労働力商品の価値実現を阻む賃金形態（時間賃金、出来高賃金）は、つぎの項目【38】で検討することにします。

【38】時間賃金と出来高賃金とは、どのようなものですか。

 「労働の対価」としての具体的な形態は、資本の運動にとって好都合な状況を生み出します。

「労働の対価」としての具体的な形態には、時間賃金と出来高賃金があります。賃金が、それらの具体的な形態をとることによって、資本の運動にとって、いかに好都合な状況が生み出されるかを検討します。

（1）時間賃金

時間賃金は、「労働」にたいする支払という賃金の性質を端的に示す形態です。求人広告などでは、時給いくらという募集条件が出ていますから、時間給には、馴染みがあるかもしれません。例えば、1時間あたりで1000円の時間給の場合に、4時間働けば4000円、8時間働けば8000円の時間賃金になります。1時間1000円とする根拠は、明確ではありませんから、「相場」とか法律で決められている「最低賃金」が目安になりますが、雇い主の利益を考えた裁量によって、求人の際の時間給が決まります。

この時間給と労働力商品の価値との関係を考えてみます。例えば、時間給が1時間1000円、1日の労働力価値の再生産費が8000円と仮定して、4時間の必要労働によってその価値が生み出されるとします。その場合に、働き手は、1日8時間の労働のうち、4時間の必要労働で8000円分の価値を生み出し、それを超える4時間の剰余労働で8000円分の価値を生み出します。必要労働による労働力の再生産費が8000円分で、それが賃金に反映されて8000円となれば、労働時間が短縮されても、4時間の必要労働は変わりませんから、労働力の再生産費は変わらず、それを反映した賃金も、8000円で変わりません。しかし、時間賃金は、労働時間の変化に応じて変化します。

労働時間が短縮する場合の関係を示した図が、［図1］になります。この場合には、4時間の必要労働は変わりませんから、労働力の価値は8000円ですが、時間給1000円で、労働時間が7時間に短縮されれば、賃金は7000円になります。時間短縮は、労働力の価値以下への支払となります。

逆に、労働時間が延長される場合は、［図2］のようになります。労働時間が8時間から10時間に延長される場合に、2時間分の延長には本来割増賃金が支払われますが、時間給ですから、時給1000円の10時間分で、1万円の賃金になります。この場

［図1：労働時間の短縮（8時間→7時間）］

4　　　　　　　　　　　　　7←8

（例）1日の賃金7,000円（労働力の価値8,000円）

合は、労働力の価値以
上の支払になりますが、
労働力の健全な再生産

[図2：労働時間の延長（8時間→10時間）]

```
         4                                    8→10
├─────────┼──────────────────────────────┼──────┤
（例）1日の賃金1万円（労働力の価値8000円）
```

のための標準労働日を基準とすれば、労働力商品の過剰な使用になります。こ
のことは、項目【31】の『資本論』からの引用にあるように、商品交換の法則
に反することになります。

（2）出来高賃金

　出来高賃金は、マルクスが『資本論』で指摘しているように、「資本主義的生
産様式にもっとも適応した労働賃金形態」（KI, S. 580,　④ p. 952）になります。出
来高賃金の現代版が、成果主義的賃金ですが、その基本的な特徴に関するマルク
スの指摘が今でも当てはまりますので、同じく『資本論』からその部分を引
用します。「労働の質と強度が労働賃金の形態そのものによって規制されてい
るので、この労働賃金の形態は大部分の労務管理を不要とする。（中略）一方で
は、労働者たちの個性、したがって自由感、自立性および自制を発展させる傾
向があり、他方では、彼ら相互の競争を発展させることになる。それゆえ、出
来高賃金は、個人の労働賃金を平均水準以上に引き上げる一方で、この水準そ
のものを低下させる傾向をもつ。」（KI, S. 577-579,　④ pp. 947-951）

　出来高賃金の場合は、あらかじめ定められ、経験によって確定された仕事量
（成果）に関わる労働時間のみが、社会的に必要な労働時間とみなされ、この
基準に照らして、働き手が平均的な仕事能力を持っていないならば、働き手は、
職場から排除される対象となります。さらには、成果（ノルマ達成）が、賃金
に反映しますから、自由裁量がある反面、職場内での競争、自ら働き過ぎる傾
向が生み出されます。

　これまで、労働力の価値と対比して具体的な賃金形態を考察しました。その
内容を踏まえて、公正な労働にたいする公正な賃金要求のあり方を、つぎの項
目【39】で検討します。

【39】公正な労働にたいする公正な賃金要求は、いかにあるべきですか。

 公正な賃金要求は、労働力の健全な状態での
再生産を可能とする賃金を最低限の水準とする要求になります。

　賃金は、「労働の対価」ですから、公正な賃金要求のあり方が問題となる場合は、まずその労働がどのようなものかが問われます。人間は、労働をすることによって生活を支え、生きてゆくわけですから、人間の生活やそれに伴う社会の維持・発展にとって有用な労働が、社会的に見て誰でも公平・平等に行うことのできる公正な労働となります。どのようなかたちであれ、そのような有用な労働の公平・平等な構成要素となりうる労働は、公正な労働と捉えられます。このような公正な労働を前提として、資本主義においては、公正な労働にたいする賃金のあり方が問題となります。また、公正な労働にたいする公正な賃金要求がいかにあるべきかが問われます。そこで、賃金要求として考えられている2つの要求内容を検討しつつ、公正な賃金要求のあり方を考えます。

（1）「同一労働同一賃金」の要求

　同じ質や量の労働であれば、男女の違いや雇用形態の違いなどに関係なく、同一な賃金が支払われるべきだとする要求ですから、男女間の賃金格差や正規と非正規労働者が同じ仕事をしていて、賃金が異なる問題の改善には有効です。しかし、同じ職場であっても、仕事内容が違えば、賃金の違いは正当化されますし、異なる業種であれば、賃金の違いの是正は、要求対象外となります。

（2）「同一価値労働同一賃金」の要求

　異なる業種、異なる職種であっても、同じような成果を生む同等価値の労働であれば、同一賃金が支払われるべきだとする要求ですから、「同一労働同一賃金」の要求で対象外となる問題を改善することのできる要求になります。この要求は、「同一価値」をどのように把握し、それをどのように賃金要求に反映させるかという課題はありますが、公正な労働にたいする賃金要求としては、「同一労働同一賃金」要求よりも、さらに進んだ賃金要求になります。

　このような賃金要求が満たされたとしても、その賃金によって、労働力が健全な状態で再生産が可能かどうかは、保障されません。このことを考えれば、求められるべき公正な賃金要求は、労働力商品の価値によって裏づけられる賃金要求になります。そこで、つぎの項目【40】で、その価値算定を検討します。

【40】労働力商品の価値算定は、
どのように行えばよいのですか。

 労働力商品の価値は、
健全な状態での労働力の再生産費を念頭に置いて算出されます。

　労働力商品の価値算定は、労働力を精神的にも肉体的にも健全な状態で再生産するために必要とされる生活費を基礎にして導き出されます。その算定は、賃金水準の目安となるもので、国が違えば違いますし、時代によっても異なります。その労働力の年間再生産費の算定計算式は、つぎのように示されます。

$$A×365＋B×12＋C＋D＋P＋Q$$

（※Aは、1日単位、Bは、1か月単位、Cは、1年単位で必要とされる生活費用です。D、P、Qについては、算定にあたっての留意点で説明します。）

《算定にあたっての留意点》

①　同等な人間労働を前提とし、標準的な労働が行われる場合の、労働力商品の年間再生産費を算定します。

②　労働力を精神的・肉体的に健全な状態で維持・再生産するために必要とされる生活必需品の質や量を勘案して、その費用を算定します。

③　平均寿命までの生存費を就労年限40年によって支えるものとし、定年60歳、平均寿命男性75歳、女性80歳と、便宜的に仮定します。仮定に基づいて、定年後の平均寿命までの生存費（1人あたり年間200万円と仮定）を就労年限40年で除したものを、定年後の生存費として年間再生産費に算入します。この算入額をPとします。

　　$P＝175万円　P＝（200×15＋200×20）÷40$

④　生存中の冠婚葬祭費を400万円とし、これを就労年限40年で除したものを年間再生産費に算入します。この額をQとします。

　　$Q＝10万円　Q＝400÷40$

⑤　夫婦が「自立した個人」として生計をまかなうものとし、子どもの養育は20歳までとします。子供の養育費の年間費用をDとします。

⑥　家事労働代替費（主に掃除・洗濯の家事労働の社会化費用）を加算し、家事労働のうち炊事に関しては、相当額を食料項目に加えます。

⑦　算定に際して、税金および保険料は、除外します。

⑧　特殊技術修得費（例：パイロット訓練費、専門職技術修得費用など）は、除外します。

以上の留意点を念頭に置いて、算定例として、標準的な労働を行う独身者

23歳の標準的労働力の個別的価値を算定したものが、算定例（1）になります。また、結婚して家庭を持ち、2人の子供を育てる標準的な労働力の社会的価値を算定したものが、算定例（2）になります。

【算定例（1）：標準的な労働力商品の個別的価値】〔独身者、23歳〕

A：食料1600円　B：交通・通信2万円　住居費8万円　光熱費1万円　医療費5000円　教養娯楽2万円　被服・履物1万円　諸雑費2万円　家事労働代替費2万円　C：家具・家電10万円　諸経費5万円　自動車等関連費用20万円（年間費用）

◎労働力の年間再生産費（23歳独身：労働力商品の個別的価値）

　　A 58.4万円＋B 222万円＋C 35万円＋P 175万円＋Q 10万円＝500.4万円

【算定例（2）：標準的な労働力商品の社会的価値】〔夫婦、子ども2人の家族を想定し、働き手1人の場合〕

A：食料2400円（（夫婦）＋子供20年平均額）　B：312万円（（夫婦）＋子供20年平均額）　C：65万円（（夫婦）＋子供20年平均額）　D：122.8万円（1人あたりの子供養育費20年平均額61.4万円×2）

◎標準的な労働力商品の社会的平均的年間再生産費（社会的価値）

　　A 87.6万円＋B 312万円＋C 65万円＋D 122.8万円＋P 175万円＋Q 10万円＝772.4万円

算定例（1）（2）の価値算定から導き出される標準的な労働力商品の個別的価値と社会的価値との関連は、［図］のように示されます。その際のA線、B線、C線は、つぎの通りです。

A線：実際に要する労働力再生産費（維持費）

B線：標準的な労働力商品の個別的価値

C線：標準的な労働力商品の社会的価値

労働力商品の価値算定は、「日本国憲法」第25条の「健康で文化的な最低限度の生活を営む権利」を念頭に置いて、その最低限度を意識したものです。

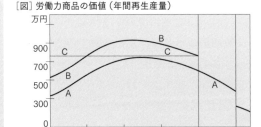

［図］労働力商品の価値（年間再生産量）

仮定（定年60歳、平均寿命：男性75歳、女性80歳）

【41】資本の有機的構成とは、どのようなものですか。

 資本の有機的構成は、不変資本 c と可変資本 v との技術的・価値的構成です。

「有機的」といえば、有機体が想像されるかもしれません。その想像と資本の有機的構成とを重ねると、内容が理解しやすくなります。「生命力を有する組織体」を有機体と捉えれば、何が「生命力を有する組織体」なのかを考えればよいことになります。ここでは、それを資本と捉えます。資本は、まさに「生命力を有する組織体」のように、価値増殖運動を展開します。資本の有機的構成の「有機的」の内容は、2つです。1つは、資本そのものが「生命力を有する組織体」のような有機体として捉えられるという点です。もう1つは、その有機体の運動を担う構成要素が、有機的に、つまりその組織体としての運動を担う構成要素として密接に関連しているという点です。その構成要素が、不変資本 c と可変資本 v になります。そこでまず、有機体としての資本の運動とその際の不変資本 c と可変資本 v との関係を確認します。

資本の価値増殖の仕組みは、すでに項目【26】で検討したように、価値増殖分を剰余価値 m として、つぎのような記号で示すことができました。

$$G100\text{—}W \left\langle \begin{array}{l} 80c \longrightarrow \\ 100 \cdots P(生産)\cdots \\ 20v \longrightarrow \end{array} \right. W' \left\langle \begin{array}{l} 80c \\ 120\text{—}G'120 \\ 40(20v+20m) \end{array} \right.$$

貨幣 G100 を、例えば、100億円としますと、100億円の貨幣 G を投入して、80億円分の生産手段（機械や原材料など）を商品 W として購入し、20億円分の労働力を商品 W として購入して、生産 P を行います。その際に、生産手段に投入された80億円は、価値増殖に関わることのない不変資本 80c として、生産過程ではそのまま価値移転され、労働力に投じられた資本20億円は、価値増殖に関わる可変資本 20v として、生産過程では新たな価値40億円を生み出します。その新たに生み出された価値部分40億円は、つぎに労働力を購入する20億円分 20v とそれを超えて生み出された20億円分の剰余価値 20m で構成されますから、40(20v+20m) と示すことができました。

資本の価値増殖に関して、不変資本 c と可変資本 v とでは、その性質が異なることは、記号で表した資本の運動で確かめることができます。不変資本 80c は、新たに生産された商品 W'120 のなかには、移転された価値部分 80c として入ります。可変資本 20v は、新たに生み出された価値部分 40(20v+20m) に

関与して、商品 W'120 のなかに入ります。この性質の異なる不変資本 c と可変資本 v との関係を示すものが、資本の有機的構成になります。

　価値増殖に関しては、価値増殖に関わる可変資本 v と価値増殖には直接関わらない不変資本 c との役割は異なりますが、資本の運動を構成する密接な関連を持つものとして、有機的につながっています。資本の運動をはじめる際に、どれだけの機械や原材料を使い、それをどれだけの労働力を使って生産するのかは、技術的に決まります。すでに示した例では、機械や原材料に 80 億円が、その機械や原材料を使って生産するための労働力に 20 億円が投じられると想定されました。この資本の生産を技術的側面で捉えた不変資本 c と可変資本 v との関係を、資本の技術的構成と捉えます。その割合は、記号で 80c/20v として示されます。一方、80c を 80 億円、20v を 20 億円と仮定しましたが、その額は、まさに価値量になりますので、資本の価値的構成も、80c/20v という割合で示されます。このように、不変資本 c と可変資本 v との構成は、その技術的な構成によって決まり、それを価値的構成で表して、80c/20v で示されます。この不変資本 c と可変資本 v との技術的・価値的構成（割合）を示したものを、資本の有機的構成と捉えます。

　資本の有機的構成を、80c と 20v として例示しましたが、例えば、性能のよい機械を使って、より多くの生産物を生産する場合を想定しますと、原材料もより多く必要になりますから、それらを購入するための不変資本 c が増えます。例えば、それが 90 億円になると仮定します。性能がよい機械ですから、それを運転させる労働力が少なくてすむことから、10 億円分の労働力で生産が可能だと考えます。この場合に、資本の有機的構成は、90c と 10v になります。不変資本 c と可変資本 v との割合は、90c/10v ですから、80c/20v と比べて割合が高くなります。このように、c/v の割合が高くなることを、資本の有機的構成の高度化と捉えます。

　資本の有機的構成は、資本の運動を考察するうえで、重要な役割を担います。この点は、つぎの項目【42】で、まずは資本蓄積との関連で検討します。

【42】資本蓄積とは、どのようなものですか。

 資本蓄積は、人間のことはさておいて、
資本が際限のない価値を増殖させる運動体であることを示します。

　資本蓄積を考えるにあたって、もう一度、資本とは何かという原点に戻ります。資本は、記号で示せば、G―W―G′ でした。貨幣 G と商品 W による運動です。記号で資本の運動を示す理由は、2つあります。1つは、運動を構成するものが何か、またその構成要素がどのような関係を持って運動を展開させるのかが明確に示されるという理由です。もう1つの理由は、人間から自立して運動する「物」の動きが、記号表記によって端的に示されることです。本来、資本の運動の担い手は、人間です。しかし、記号表記では人間らしさがいっさい排除され、人間から自立した貨幣 G と商品 W という「物」のかたちをとって運動する、「物」としての資本という運動体の動きが示されます。G―W―G′ は、例えば、100億円の G、100億円の W、120億円の G′ という価値額で示された資本の運動のほかには、何も示しません。しかも、商品 W は、使用者の手もとで使用（消費）されますが、貨幣 G は、価値の代表者、その姿で価値を代表する権化ですから、いつでも、どのような商品にたいしても、「交換力」、「購買力」となる「社会的な力」を持ちます。G―W―G′ は、そのような資本としての「社会的な力」の増殖を示すだけになります。

　資本の運動は、G―W―G′ で示されるように、「社会的な力」を持つ「物」としての貨幣 G が出発点となり、終点となりますが、資本の運動は、その1回限りではありません。100億円の貨幣 G を資本として投下して、120億円の貨幣 G′ が得られれば、資本の運動は、それで終わるわけではないのです。資本の運動の特徴は、G′ が終点にならないことです。G―W―G′ では、資本の特徴である価値増殖の運動が示されますが、資本のもう1つの特徴は、その運動が繰り返されることです。しかも、繰り返されるだけではなく、価値増殖という特徴を持ちながら、繰り返されますから、G―W―G′ が拡大された規模で繰り返される傾向を持ちます。G―W―G′ のつぎに、また G―W―G′ が繰り返されますが、つぎの資本の運動は100億円の貨幣 G ではなく、増殖分をすべて含むと仮定すれば、120億円の貨幣 G によって増殖運動が展開されます。このような資本の運動は、G―W―G′・G―W―G′・G―W―G′…というような運動体として、際限のない運動を展開する「物」の運動となります。この価値増殖を繰り返しながら資本規模を拡大する動きを、資本蓄積と捉えます。

資本の運動に伴う増殖分は、剰余価値でしたので、資本蓄積は、剰余価値を
つぎの資本の運転に投下することと考えることができます。このことから、資
本蓄積は、剰余価値の資本への転化と捉えられます。その際に、剰余価値がす
べてつぎの資本の運動に転化（投下）される可能性はありますが、どれだけの
剰余価値が資本に転化されるのかは、新たに生み出される価値の分配に関わり
ます。そこで、資本の有機的構成が 80c/20v の資本の運動を例として、新た
に生み出される価値部分に焦点を当てて、資本蓄積を考えてみます。その出発
点となる資本の運動は、つぎのように示されます。

$$
G100\text{—}W\begin{cases}80c\longrightarrow\\100\ \cdots P(生産)\cdots\\20v\longrightarrow\end{cases}W'\begin{cases}80c\\120\text{—}G'120\\40(20v+20m)\end{cases}
$$

　この資本の運動で生み出される新たな価値部分は、40（20v＋20m）です。こ
の部分は、資本家によって取得され、20v 部分は、つぎの労働力 20v の購入に
当てられます。剰余価値部分の 20m は、同じく資本家の取得分として自由に
使えますが、生活費を除いた残りの部分を、つぎの資本の運動に投下すると考
え、例えば、それを 10m 分とします。この間に、分配関係が入りますが、資
本の動きとして、記号で示せば、10m 分が追加投資されて、つぎの資本の運
動が G110 ではじめられることになります。そのことは、記号で示す「物」の
動きとして、つぎのように示すことができます。

$$
G100\text{—}W\begin{cases}80c\longrightarrow\\100\ \cdots P(生産)\cdots\\20v\longrightarrow\end{cases}W'\begin{cases}80c\\120\text{—}G'120\Rightarrow G110\text{—}W110\\40(20v+20m)\end{cases}
$$

　資本蓄積は、G110 という拡大した規模での資本の運動展開ですが、10m の
追加投資部分を W にどのように振り分けるのかが問題となります。この点は、
資本の有機的構成と関連しますから、つぎの項目【43】で、この関係を詳しく
検討します。

【43】資本蓄積と資本の有機的構成とは、どのように結びつくのですか。

 資本の有機的構成が変化しない場合と変化する場合とでは、資本蓄積の内容が異なります。

資本蓄積は、価値増殖を繰り返しながら資本規模を拡大する動きです。資本による経済活動が、資本主義における経済活動の主要な動きとなりますから、経済活動の規模が拡大してゆくことを示す経済成長は、マル経では、主に資本蓄積として捉えることになります。そこで、経済成長として示される経済規模の拡大を資本蓄積として捉え、その動きを検討することにします。

まず、項目【42】から引き継いだ課題から、検討をはじめます。その課題は、資本の価値増殖の繰り返し部分のつなぎ、G110 のうちの、追加分 10m をどのように W に振り分けるかというものでした。その振り分けに際して、資本の有機的構成が問題となります。その振り分け方は、主に 2 通りです。それは、(1) 資本の有機的構成が変わらない場合と (2) 資本の有機的構成が変わる場合です。資本の有機的構成が変わる場合でも、とりわけ問題となるのは、資本の有機的構成が高度化する場合ですから、それを (2) として、それぞれの場合を検討します。

(1) 資本の有機的構成が変わらない場合の資本蓄積

資本の有機的構成が変わらない場合は、追加投資される 10m についても、c と v との割合が同じですから、追加分 10m 分の構成は、不変資本 8c、可変資本 2v になります。このような追加投資によって拡大された規模での資本の運動は、つぎの記号のように示されます。

$$G110—W \begin{cases} 88c \longrightarrow \\ 110\cdots P(生産)\cdots W' \\ 22v \longrightarrow \end{cases} \begin{cases} 88c \\ 132—G'132 \\ 44(22v+22m) \end{cases}$$

この場合の経済規模の拡大では、20v から 22v への可変資本の増大が関わっていることに意味があります。このことは、例えば、可変資本額が20億円から22億円に増えたことを意味しますので、追加的な2億円分の可変資本が働き手を増やすのに使われるのか、働き手の賃金を増やすのか、あるいはその両方に使われるのかという使われ方の違いはありますが、いずれにしても働き手に渡る絶対額が、全体として増えることになります。

(2) 資本の有機的構成が高度化する場合の資本蓄積

資本の有機的構成が高度化する場合は、さらに2通りの場合が考えられます。

それは、資本の有機的構成の高度化によって、①可変資本 v 部分が絶対的に増大する場合、②増大しないで、維持または減少する場合との2通りになります。

①可変資本 v 部分が絶対的に増大する場合

追加的な 10m が、資本の有機的構成の高度化に伴って、不変資本に 9c と可変資本に 1v に振り分けられる場合は、つぎのような記号で、その運動を示すことができます。

$$G110—W \left\langle \begin{array}{l} 89c \quad \longrightarrow \\ 110 \quad \cdots P(生産) \cdots W' \\ 21v \quad \longrightarrow \end{array} \right. \left\langle \begin{array}{l} 89c \\ 131—G'131 \\ 42(21v+21m) \end{array} \right.$$

②可変資本 v 部分が維持、または減少する場合

追加的な 10m だけが、資本の有機的構成の高度化の影響を受けるのではなく、追加投資を契機にして、資本全体の有機的構成が高度化することがあります。まずは、可変資本 20v が維持され、その 20v で、新たな機械による生産が担われる場合は、つぎのようになります。

$$G110—W \left\langle \begin{array}{l} 90c \quad \longrightarrow \\ 110 \quad \cdots P(生産) \cdots W' \\ 20v \quad \longrightarrow \end{array} \right. \left\langle \begin{array}{l} 90c \\ 130—G'130 \\ 40(20v+20m) \end{array} \right.$$

新たな機械の導入に伴って、可変資本が減少する場合は、つぎのような場合が考えられます。

$$G110—W \left\langle \begin{array}{l} 92c \quad \longrightarrow \\ 110 \quad \cdots P(生産) \cdots W' \\ 18v \quad \longrightarrow \end{array} \right. \left\langle \begin{array}{l} 92c \\ 128—G'128 \\ 36(18v+18m) \end{array} \right.$$

この場合は、可変資本が、例えば、20億円から18億円に減少することになります。このような場合の資本蓄積については、つぎの項目【44】で、詳しく検討することにします。

【44】相対的過剰人口とは、どのようなものですか。

資本蓄積に伴って、
資本の増殖欲求にとって余分な労働力人口が形成されます。

　相対的過剰人口とは何かという問題は、なぜ過剰人口なのか、なぜ相対的なのか、なぜ資本蓄積の考察で人口なのか、という問題を含んでいます。その考察にあたって、結論を先取りしますと、相対的過剰人口の存在は、働き手による労働環境や労働条件の改善要求を押さえる重石の役割を果たします。逆に、資本にとっては、相対的過剰人口が、労働力需要のための貯水池の役割を担いますから、労働力供給制限から解放される1つの要因となります。相対的過剰人口は、資本蓄積の産物であるとともに、資本蓄積を促進させる梃子にもなります。

　資本蓄積の考察で相対的過剰人口を問題とする背景は、すでに項目【43】で少し触れました。その際に、資本の有機的構成の高度化に伴う資本蓄積過程で、新たな機械の導入に伴って可変資本が減少する場合が、つぎのように示されました。

$$G110-W \begin{cases} 92c \longrightarrow \\ 110 \cdots P(生産)\cdots W' \\ 18v \longrightarrow \end{cases} \begin{cases} 92c \\ 128-G'128 \\ 36(18v+18m) \end{cases}$$

　この場合に、例えば、可変資本が以前の20億円（20v）から18億円（18v）に減少しますが、このことは、働き手を雇う可変資本vが2億円分減少することを意味します。この2億円分の減少は、働き手の減少か賃金の減額か、あるいは両方かという場合が考えられます。働き手の減少であれば、資本の蓄積過程で、それだけの働き手が不要になったことになります。その部分が、過剰人口に当たります。それは、人間の生存者人口の過剰ではなく、資本の蓄積過程で生じる労働力人口の過剰です。そして、その過剰人口が、何にたいして過剰なのかを明らかにすることで、「相対的」の意味が示されます。

　例示した可変資本vの20億円から18億円の減少は、資本の有機的構成の高度化に伴う資本蓄積の比較でした。資本の有機的構成の高度化は、より多くの増殖分を追求する資本の増殖欲求の現れですから、有機的構成の変化を考えない場合を想定すれば、増殖欲求の程度を示す起点が示されます。このことから、過剰人口を生む「相対」の所在を確認できますから、まずは、その起点となる資本の有機的構成が変わらない場合を考えてみます。その平均的で標準的な資

本の増殖欲求に基づく資本の運動は、つぎのように示されます。

$$G110-W \begin{cases} 88c \longrightarrow \\ 110 \cdots P(生産) \cdots W' \\ 22v \longrightarrow \end{cases} \begin{cases} 88c \\ 132-G'132 \\ 44(22v+22m) \end{cases}$$

　この場合の資本蓄積は、可変資本 22v が示すように、追加的労働力か賃金上昇が伴います。このような標準的な増殖欲求に基づく資本蓄積と対比して、資本の有機的構成を高めてより効率よく増殖を求める資本の運動は、増殖欲求の抑制要因となる追加的労働力や高価な労働力を排除する傾向を持ちます。この増殖欲求にとって余分な労働力人口が、相対的過剰人口となります。

　増殖欲求に関しては、つぎのような問題が生じます。それは、より多くの増殖分を追求するために、資本の有機的構成を高度化させるにもかかわらず、これまでの例示によれば、有機的構成が高度化するにしたがって、剰余価値 m が、22m→20m→18m と減少するのはなぜかという問題です。労働による価値生産や価値増殖を念頭に置けば、資本の有機的構成の高度化に伴う可変資本 v の減少→労働量の減少→価値生産の減少→剰余価値の減少という道筋は、当然の成り行きです。しかし、それでは、より多くの増殖分追求とは逆行します。資本の有機的構成の高度化は、剰余価値率（m/v）を高めることになりますし、のちの項目【53】で明らかになるように、生産性を上げる資本が、諸資本の競争を通して特別な剰余価値を手に入れることができますから、資本の有機的構成の高度化が、より多くの増殖分追求と結びつきます。このことから、資本の有機的構成の高度化に反映される資本の増殖欲求と過剰化される労働力人口との両立が可能になります。

　このような相対的過剰人口の存在形態やその役割については、資本蓄積の一般的法則を検討する、つぎの項目【45】で、引き続き検討することにします。

【45】資本蓄積の一般的法則とは、どのようなものですか。

 資本蓄積の一般的法則は、
働き手の運命を左右させるような内容になります。

　法則というのは、ある条件のもとでは、必ずそのことが当てはまる、あるいは必ずそのような動きが見られることとして捉えられます。例えば、「探すと見つからない法則」は、何かを見つけようと探す時に限って、見つからないという法則で、その逆に、見つけようとしない時に見つかるという法則にもなります。ここで検討する資本蓄積の一般的法則も、資本主義であれば、どこでもいつでも、必ず当てはまる事柄、または動きとして捉えられます。

　すでに項目【44】で示した、相対的過剰人口が資本蓄積の産物であるとともに、資本蓄積を促進させる梃子にもなるということは、資本主義であれば、どこでもいつでも当てはまる資本蓄積に関わる事柄ですので、資本蓄積の一般的法則の内容を構成することになります。この点を念頭に置いて、資本蓄積と相対的過剰人口との関係を、さらに検討することにします。

　相対的過剰人口は、資本蓄積によって形成される労働力人口の貯水池ですが、それは、景気変動という資本の運動に伴う排出や吸引の対象となる労働力人口として捉えることができます。また、景気変動に伴う排出や吸引でなくとも、一時的に失業状態となり、過剰人口に入る流動的なかたちをとる過剰人口も存在します。さらに、資本の傘下に入っていない農村の農業従事者や家庭の主婦も、労働力人口に入る可能性がある場合は、潜在的な過剰人口として捉えられます。問題なのは、働いていながら、過剰人口に入りうる労働力人口です。就労が不安定で不規則な就労が強いられる場合、しかも賃金が低く、安定していない場合は、就労していても過剰人口に属することになります。それは、平均以上の資本増殖を達成するためには、正規の働き手を雇うことができない資本の事情を反映しています。非正規雇用者は、就労していながら不安定な停滞的な状況にある過剰人口として捉えられます。また、生活保護者や窮民状態にある層も、資本にとっては、正規の働き手の労働環境や労働条件改善要求の重石の役割を担いますので、相対的過剰人口に含まれます。

　相対的過剰人口は、正規の働き手にとっては、いつでも交替可能な、予備軍としての労働力人口ですから、労働条件の改善要求にとっての重石となるだけではなく、資本に従順な関係を強いる要因にもなります。資本蓄積は、資本の有機的構成を高めながら、より多くの増殖分を追求する動きのなかで、正規の

VI

資本蓄積および再生産について

働き手と入れ替えができる、労働力人口の貯水池を広げる傾向を持ちますし、そのことが、資本蓄積をさらに促進させることになります。

　資本蓄積に伴う相対的過剰人口の形成は、働き手全体に深刻な影響を与えます。その内容は、つぎのような『資本論』の叙述箇所で確認できます。

　「資本が蓄積されるのにつれて、労働者の報酬がどうであろうと――それが高かろうと低かろうと――労働者の状態は悪化せざるをえない。相対的過剰人口または産業予備軍を、資本蓄積の範囲と活力とに合わせて、絶えず利用可能なものにする法則は、（中略）いっそう固く、労働者を資本に縛り付ける。この法則は、資本の蓄積に照応する貧困の蓄積を条件づける。したがって、一方の極における富の蓄積は、同時に、その対極における、すなわち自分自身の生産物を資本として生産する階級の側における、貧困、労働苦、奴隷状態、無知、粗暴化、および道徳的堕落の蓄積をもたらす。」（KI, S. 675, ④ p. 1108）

　引用箇所で示されるように、資本蓄積の一般的法則は、働き手の精神的貧困を含む貧困化と密接な関わりを持ちます。資本蓄積の一般的法則は、資本主義である限り、どこでもいつでも当てはまる法則ですから、150年以上前にマルクスが示した法則が、現代資本主義において、どのように貫かれているのかが問題となります。この点は、項目【65】で検討します。

　これまで、相対的過剰人口に関わる資本蓄積の一般的法則を検討してきましたが、資本蓄積の一般的法則とそれに関連する相対的過剰人口の理解は、働き手にとって重要な意味を持ちます。それは、働き手の状態が悪化することだけではありません。相対的過剰人口の考察から導き出される重要事項として、資本主義の変革主体の明確化があげられます。資本の運動にたいしては、相対的過剰人口に属する諸層だけではなく、正規の働き手も含めて、資本主義社会のほとんどの構成員が、運命共同体の一員として、労働を中心とする社会的環境改善をはかるための担い手になることがわかります。そのために、働き手や働き手に関わる人々の連帯が必要になります。

【46】資本の再生産の考察によって、どのようなことがわかるのですか。

 資本の再生産の考察は、「つながる関係」を問題にします。

これまでは、主に資本の生産過程での運動を考察してきました。しかし、経済は、生産、分配、消費の動きです。とりわけ、社会全体の生産、分配、消費の動きを考えた場合に、それらがどのようにつながっているのかが問題となります。例えば、これまで検討した資本の運動、とりわけ資本蓄積は、資本の価値増殖運動の拡大された規模での繰り返しですが、その繰り返しの過程で、生産だけではなく、分配や消費をつなぐ流通という動きも存在します。これらの「つながる関係」が、再生産の問題となります。

問題を整理するために、すでに何度も取り上げている産業資本の運動を基にして、「つながる関係」を確認します。

$$G100—W \begin{cases} 80c \longrightarrow \\ 100 \quad \cdots P(生産)\cdots W' \\ 20v \longrightarrow \end{cases} \begin{cases} 80c \\ 120—G'120 \\ 40(20v+20m) \end{cases}$$

最初に投じられる貨幣 G100 のうち、80c で機械や原材料などの生産手段が購入されます。その際に、他者から機械や原材料を商品 W として購入しますから、その際に、すでに商品取引（商品流通）が存在しています。また、G100 のうち、20v で労働力商品 W が購入されます。その際にも、商品取引が存在しますが、労働力商品の売り手に渡る 20v は、20v で生活に必要な「物」が購入され消費されることで、労働力が再生産されます。生産過程 P を経て生産される商品 W' に関しても、W'—G' となるためには、商品取引（流通）が必要になります。商品 W' を構成する価値120は、80c＋20v＋20m で示されますが、商品取引がうまくゆき、貨幣 G'120 が得られた場合でも、貨幣 G'120 を構成する 80c＋20v＋20m は、それぞれ行き先が異なります。80c は、生産のための機械や原材料の購入に向かい、20v は、労働力商品の購入に向かって働き手への分配分となります。20m は、資本家への分配分として消費に向かう部分と、追加投資に当てられる部分に分かれます。

一度の資本の運動だけでも、G100—W100 と W'120—G'120 とで、それぞれに商品取引（流通）や分配、消費の動きがありますから、それらがどのようにつながるのかが問題となります。また、社会全体の経済活動を念頭に置いた「つながる関係」を考察するためには、さらに重要な要件が加わります。新た

に生み出される商品生産が、機械や原材料のような生産手段（生産財と捉えます）をつくるための生産財生産であるのか、働き手や資本家の生活を消費によって支える生活必需品（消費財と捉えます）の生産のための消費財生産なのかによって、「つながる関係」の検討内容の広がりが生じます。

　商品取引（流通）については、項目【58】で商業資本の役割を考察する際に、詳しく検討します。ここでは、順調に商品取引が進むことを前提にして、社会全体の生産のつながり（再生産）を考察します。その際の課題は、社会全体の再生産の基本的な仕組みを明らかにすることですから、基本的な再生産関係を考察対象とします。そこで、社会的総資本が、生産財生産部門（部門Ｉ）と消費財生産部門（部門II）との２部門から成り立っている場合を想定します。

　社会的総資本の規模の拡大は、社会全体の資本蓄積ですから、社会的総資本の拡大再生産が問題となります。その関係は、項目【48】で検討します。拡大再生産で問題となる「つながる関係」は、再生産の基本的な関係（つながり）を繙くことを基礎にして明らかにされますので、まずは、項目【47】で、その基礎となる単純再生産を検討します。

　項目【47】【48】の検討に入る前に、何がどのようにつながるのかという、「つながる関係」の課題とその目的を、まず確認しておきます。

　社会的総資本の再生産は、生産財生産部門（部門Ｉ）と消費財生産部門（部門II）とのつながりが問題ですが、その際に、社会全体の経済活動が安定して進行するための条件探しが重要な目的となります。何がどのようにつながるのかを考える場合に、重要なことは、生産財生産部門（部門Ｉ）と消費財生産部門（部門II）で生み出される生産物が、効率よく無駄なくつながって、人間社会を安定的に支える仕組みとなっているのかどうかを明らかにすることです。そのための条件は何かを明らかにすることが、再生産の考察の課題となります。

　資本主義では、生産財と消費財との素材としてのつながりだけではなく、生み出される価値のつながり（貨幣のやりとり）が問題となります。それらをつなぐ再生産の仕組みと条件は、主に生産財生産部門（部門Ｉ）と消費財生産部門（部門II）との、素材と価値の「つながる関係」を繙くことで示されます。

【47】単純再生産とは、どのようなものですか。

生産財と消費財との「つながる関係」として、
素材と価値の需給バランス(均衡関係)が問題となります。

　社会的総資本の再生産を考察する際の重要な課題は、人間社会の経済活動を安定的に進行させる「つながる関係」を明らかにすることでした。そのための基本的な関係と条件を、単純再生産の考察を通して明らかにします。明らかにするというよりも、その関係と条件をあらかじめ想定して、話を進めます。

　社会的総資本の再生産は、生産財と消費財との、素材と価値についての「つながる関係」が問題となりますから、その関係を念頭に置いたモデルケースを想定します。それが、つぎのように示される単純再生産表式になります。

I　4000c＋1000v＋1000m＝6000

II　2000c＋　500v＋　500m＝3000　　社会的総生産物＝9000

　部門I(生産財生産)は、例えば、生産財を生産するための機械や原材料となる素材を購入する資本が価値額4000億円(4000c)で、それを運転させる労働力を購入する資本を1000億円(1000c)として、生産される生産財生産物が、4000c＋1000v＋1000m＝6000で示されます。部門Iでは、生産財という素材が、価値額として6000億円分生産されると仮定します。部門II(消費財生産)は、消費財を生産するための機械や原材料となる素材2000億円分を部門Iから購入し、それを運転させる労働力を購入する資本が500億円で、生産される消費財生産物が3000億円となる関係が、2000c＋500v＋500m＝3000で示されます。そこで、生産財と消費財の生産物を合わせた社会的総生産物は、9000億円になります。この額が10倍でも100倍でも、関係は変わりませんから、価値額は、まずそのように想定します。

　再生産表式で、素材と価値との需給関係の、効率のよいバランスのとれた状態(均衡状態)を想定し、そのための条件を確認しますから、それ以外の要件は、なるべく簡略化します。そのために、資本の有機的構成(c/v)と剰余価値率(m/v)は、両部門とも同じと想定します。資本の有機的構成については、部門Iが4000c/1000v＝4/1、部門IIが2000c/500v＝4/1で、剰余価値率は、部門Iが1000m/1000v＝100％、部門IIが500m/500v＝100％になります。

　このように想定して、社会的総資本の再生産の条件を確認します。その際に、つぎの(1)、(2)、(3)の場合を検討します。

（1）部門I（生産財生産）内部での、素材と価値との「つながる関係」

　部門Iで生産される4000c分の生産財の素材と価値とが、［図1］のように、部門Iの資本相互で、素材と価値との供給と需要の関係が結ばれます。

（2）部門II（消費財生産）内部での、素材と価値の「つながる関係」

　部門IIで生産される500v＋500m分の消費財の素材と価値とが、［図2］のように、部門IIの関係者間で、素材と価値との供給と需要の関係が結ばれます。

（3）部門Iと部門IIとの間での、素材と価値との「つながる関係」

　［図3］で示されるように、部門Iで生産されるI1000v＋1000m分の生産財は、部門IIで使用される機械や原材料II2000cとして、部門IIに供給され、その代金II2000c分が、部門Iの働き手や資本家の消費財購入分のI1000v＋1000mとして部門Iに渡ります。［図4］は、部門Iの働き手や資本家への消費財供給II2000c分と消費財需要I1000v＋1000mとの関係を示します。部門Iから、消費財購入分I1000v＋1000mの価値額が、部門IIにII2000c分として渡ります。

　このように、（3）の［図3］と［図4］から導き出されるI（1000v＋1000m）とII2000cとの関係は、部門Iと部門IIの間での素材と価値の需給バランスのとれた関係（均衡関係）を成り立せる条件となります。その社会的総資本の単純再生産の条件は、I(v＋m)＝IIcで示すことができます。

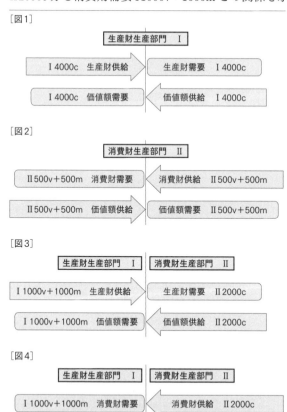

［図1］

［図2］

［図3］

［図4］

【48】拡大再生産とは、どのようなものですか。

 資本の拡大された規模での「つながる関係」が問題となります。

　社会的総資本が規模を拡大して再生産されることが、まさに拡大再生産ですが、その考察に際しては、社会全体の経済活動が安定して成長する条件を検討することが課題となります。そのために、単純再生産と同様に、再生産表式を用いて、生産財生産部門（部門Ⅰ）と消費財生産部門（部門Ⅱ）との間での素材と価値の需給バランスのとれた関係（均衡関係）を明らかにします。単純再生産表式との違いは、拡大された規模での「つながる関係」が問題になりますから、単純再生産表式での想定よりも、さらに予定調和的な、帳尻あわせのような想定が求められます。そのような予定調和的な想定の必要性は、拡大された規模で均衡関係を保つことの難しさと表裏の関係になります。

　拡大された規模で生産を行うためには、そのための設備や機械、原材料などの追加的生産手段が必要ですし、それを運転するための追加的労働力も必要です。このことから、単純再生産で示された再生産の条件 $I(v+m)=IIc$ は、拡大再生産の前提となる生産財の存在を考慮した条件 $I(v+m)>IIc$ に変わります。この拡大再生産の条件 $I(v+m)>IIc$ を念頭に置いて想定される拡大再生産表式が、つぎのように示されます。その際に、規模が拡大されて再生産されることを示すために、第1年度の表式をまず想定し、それが第2年度に向けて、どのように規模を拡大するのかを検討します。

（第1年度）

Ⅰ　4000c＋1000v＋1000m＝6000

Ⅱ　1500c＋　750v＋　750m＝3000　　　社会的総生産物＝9000

　表式で示されているように、拡大再生産の条件 $I(1000v+1000m)>II1500c$ は、消費財生産の拡大を可能とする生産財が $I(1000v+1000m)$ 分の素材で存在していることを前提とします。また、資本の有機的構成は、実情（生産財生産の生産性が高い）に合わせて、部門Ⅰが $4000c/1000v=4/1$、部門Ⅱが $1500c/750v=2/1$ と想定します。剰余価値率は、両部門とも同じで、部門Ⅰが $1000m/1000v=100\%$、部門Ⅱが $750m/750v=100\%$ になります。

　第1年度の表式から第2年度への拡大する動きは、第2年度に向けての変化の兆候を示すつぎの式で確認することができます。

Ⅰ　4000c＋1000v＋500m＋400(m)c＋100(m)v＝6000

II　1500c＋　750v＋600m＋100(m)c＋　50(m)v＝3000

　拡大再生産は、資本蓄積【42】で検討したように、剰余価値の資本への転化（追加投資）が問題となります。部門Iの剰余価値1000mのうち、半分を追加投資すると想定すれば、有機的構成が4/1ですから、追加投資分は、400(m)cと100(m)vに振り分けられます。このことから、消費財生産部門に供給される生産財は、1000v＋500m＋100(m)v＝1600分になります。この生産財にたいする部門IIでの需要は、II1500cですが、部門IIでの追加投資分でその需要が形成されますから、II750mから生産財を購入するための100(m)cが追加投資されます。部門IIの有機的構成は、2/1ですから、100(m)cの追加投資に合わせた可変資本vへの追加投資は50(m)vになります。そこで、資本家の消費に回る剰余価値は、追加投資分150を引いた残りの600mとなります。

　このような動きで示される拡大された規模での「つながる関係」は、単純再生産と同様に、つぎのような、(1)、(2)、(3)の関係で示すことができます。

(1) 部門I（生産財生産）内部での、素材と価値との「つながる関係」

　I4000cと不変資本への追加投資分I400(m)cとが、部門Iの資本相互の間で、素材と価値とを補塡し合います。

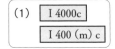

(2) 部門II（消費財生産）内部での、素材と価値との「つながる関係」

　部門IIの内部で、II750vとII600m、追加投資分のII50(m)vが、部門IIの関係者間で、素材と価値とを補塡し合います。

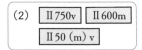

(3) 部門Iと部門IIとの間での、素材と価値との「つながる関係」

　部門Iと部門IIとの間で、追加投資分を含めて、相互に素材と価値とを補塡し合います。

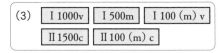

　(1)(2)(3)を経て、第2年度は、つぎのように規模が拡大します。

（第2年度）

I　4400c＋1100v＋1100m＝6600

II　1600c＋　800v＋　800m＝3200　　社会的総生産物＝9800

　このように、素材と価値について、社会的需給関係のバランスをとりながら、拡大された規模で再生産が展開されることになります。

【49】再生産表式から、何がわかるのですか。

再生産表式から、経済活動における最適な「つながる関係」を
導き出すことが可能になります。

　単純再生産と拡大再生産の、それぞれの表式からわかることは、社会的総資本を構成する生産財生産部門（部門Ⅰ）と消費財生産部門（部門Ⅱ）の間での素材と価値の需給バランスのとれた関係（均衡関係）を成り立せる条件が明確に示されることでした。それは、社会全体の経済活動を安定的に進行させる、あるいは安定的に発展・成長させるための「つながる関係」を明らかにすることでもあります。その「つながる関係」をうまくつなげるシステムとして、資本主義はすぐれているのかもしれません。しかし、それは、「最大限の利潤を追求する」ための効率のよい「つながる関係」を、予定調和的につくることでもあります。しかも、資本の運動は、「労働の成果の搾り取り」を伴いますし、資本蓄積は、その「搾り取り」を拡大された規模で遂行します。また、拡大再生産表式で示されるように、拡大された規模での均衡的な発展が可能になりますが、そのための条件設定は、きわめて予定調和的なものになります。そのような想定による均衡状態は、むしろ例外で、逆に、不均衡状態が生ずる可能性が高いことは、景気変動に伴う過剰生産とその調整、あるいは経済活動の安定化のための政策的介入が不可欠であることによって、端的に示されます。

　再生産表式の検討課題は、社会全体の経済活動が安定して進行、あるいは安定して発展・成長するための条件探しでした。再生産表式は、素材と価値との「つながる関係」を問題としましたが、資本主義のもとでの最適な「つながる関係」の仕組みの解明は、価値を労働投下に置き換えれば、資本主義を超えて発展する彼方にある体制においても、より高度に活かすことが可能になります。

　また、資本主義内においても、社会的総資本の拡大再生産としてではなく、範囲を限定して、より効率のよい経済活動を遂行するための「つながる関係」を探究にする際には、具体的なかたちで有効な活用の仕方が考えられます。再生産表式は、限定された範囲であれば、その素材と価値（あるいは労働）の最適な「つながる関係」がより捉えやすくなりますから、例えば、地域社会における効率のよい「つながる関係」を考察することによって、地域経済の活性化の道が拓かれる可能性もあります。この点は、項目【67】で検討します。

【50】剰余価値と利潤との関係は、 どのようになっていますか。

 剰余価値と利潤は、
本質と現象形態との関係になります。

　これからは、これまでとは、世界が変わります。本質の世界から、現象の世界への転化になります。すでに、価値と価格、労働力の価値と賃金との関係を考察した際に、この世界の転化は経験済みですが、資本の運動に関する「本丸」での転化に臨むことになりますから、転化の内容は、質的にも量的にも重要性が増すことになります。

　見たままの現象からすれば、本質的な内容は、非現実的なことのように思われます。なにしろ見えない世界ですから、想像力を働かすしか、理解する術(すべ)がありません。「資本の価値増殖分は、労働によって生み出される剰余価値です」といっても、「価値」は見えませんし、「労働」も、具体的有用労働は認識できるものの、抽象的人間労働となると、なかなか認識し難くなります。「剰余価値」も、頭では理解できたとしても、実際にそれを認識する段になると、その存在に疑念がわく余地は大いにあります。価値と価格、労働力の価値と賃金の場合がそうであったように、本質と現象との関係を考察する際には、なぜ本質が現象形態をとるのかを、筋道を立てて明らかにする必要があります。剰余価値と利潤についても、そのことが当てはまります。

　剰余価値の利潤への転化を検討する前に、それらがどのように捉えられているのかを確認しておきます。剰余価値は、すでに考察してきたように、労働によって新たに生み出される価値のうち、労働力を再生産するために必要とされる価値を超える価値増殖分と捉えることができました。それは、「もうけ」の源泉が労働にあることを示す本質的な捉え方です。それにたいして、利潤は、資本全体の運動によって生み出される増殖分となります。利潤は、さらに日常的、通俗的、現実的な捉え方によって、利益に変身します。利益は、売上総利益、営業利益、経常利益、税引前当期利益、当期純利益などとして示されるように、様々な利益の捉え方が存在しますので、利潤や利益という捉え方によって、増殖分の源泉が労働にあることは、跡形もなく消え去ります。そこで、つぎに、なぜその源泉が見えなくなるのかという問題を、剰余価値の利潤への必然的な転化として検討することにします。

　この必然的な転化を確認するために、資本が、貨幣 G100(80c＋20v) として投下されて W'120 を生み出し、G'120 となる動きを取り上げます。

$$G100(80c+20v)—W\begin{cases}100\\20v\end{cases}\begin{matrix}80c\longrightarrow\\20v\longrightarrow\end{matrix}\cdots P(生産)\cdots W'\begin{cases}80c\\40(20v+20m)\end{cases}120—G'120(80c+20v+20m)$$

　資本の運動によって生み出される剰余価値20mが、どのようにして利潤20p（記号で小文字のpと表記）に転化するのか、その過程を、つぎの (1) から (4) で示します。

(1) $G100 = 80c + 20v$

　　　　　↓ⓐ 可変資本vによる新たな価値（v＋m）の生産

(2) $G'120 = 80c + (20v+20m)$

　　　　　↓ⓑ vが賃金形態をとることで、増殖分との関係切断

(3) $G'120 = (80c+20v) + 20m$

　　　　　↓ⓒ vが流動資本として費用価格kに参入

(4) $G'120 = 100k + 20p$　ⓓ 剰余価値mが利潤pに転化

　(1) から (4) への転化過程は、ⓐⓑⓒⓓという諸契機を伴って、剰余価値mが利潤pに転化することを示しています。この諸契機のなかで、ⓑとⓒは、転化にとって重要な意味を持ちます。労働力の価値部分vが賃金という形態をとることによって、項目【34】で示したように、剰余価値を生み出す労働の源泉が見えなくなります。その20mの源泉が見えなくなるだけではなく、可変資本20vが、流動資本として費用価格kに入ることによって、資本の増殖分は、販売価格のうち費用価格を超える部分として捉えられます。不変資本cは、価値としては減価償却費のように消費される価値分だけが費用価格に入りますが、機械や建物という使用価値としては、すべてが生産に関わりますので、固定資本も含めて資本全体が増殖分を生むものと捉えられます。このように、資本全体の運動によって生み出される増殖分が、利潤になります。

　本質的な関係では、増殖分は、vによるmの生産でしたから、増殖率は、剰余価値率（m/v）で示されます。一方、利潤の場合は、投下されたすべての資本が増殖に関与すると捉えられ、増殖率は、p(m)/c＋vで示されます。これが、利潤率です。つぎの項目【51】では、この利潤率を検討します。

【51】利潤率は、どのようにして決まるのですか。

利潤率は、
主に3つの要因によって決まります。

　資本の運動は、G―W―G′ で示されますので、例えば、G100億円が G′120億円に増殖する場合に、増殖率は、20億円/100億円で20％になります。これが、利潤率です。この誰でも認識できる20％の利潤率が、何に基づいているのかを、本質的な関係から導き出すことが、マル経の検討課題になります。そこで、資本の価値増殖運動で示される本質的な関係を確認しながら、利潤率を規定する要因を導き出すことにします。

　資本の価値増殖の仕組みは、すでに示しましたが、ここで問題とするのは、はじめに資本として投下される G100（80c＋20v）と資本の運動によって生み出される G′120（80c＋20v＋20m）との増殖を示す関係です。資本として投下される貨幣 G100億円の構成は、不変資本 c80億円と可変資本 v20億円で、増殖した資本額 G′120億円の内訳は、不変資本 c80億円と可変資本 v20億円、剰余価値 m20億円になります。これを、記号だけで示しますと、投下された資本 G（c＋v）が増殖した G′（c＋v＋m）になると捉えられます。剰余価値 m は、資本全体がその増殖分を生み出すと捉えられて、利潤 p という形態をとりますが、本質的な関係から利潤率 p′ を検討するという課題がありますので、量的に剰余価値 m と利潤 p とが同じ（例示でいえば、20億円は、20m と 20p で同じ）であれば、増殖分を利潤 p ではなく、剰余価値 m としたままで、利潤率 p′ を考えることができます。そこで、利潤率 p′ は、投下した資本 G（c＋v）によって、増殖分 m を生み出す関係と捉えて、m/c＋v で示すことができます。これを式で示せば、つぎのようになります。

$$p' = \frac{m}{c+v} = \frac{m}{v} \cdot \frac{1}{\frac{c}{v}+1}$$

　利潤率 p′ の式で示されるように、m/c＋v の分子と分母を v で除して導き出される式から、利潤率 p′ を規定する要因として、剰余価値率 m/v と資本の有機的構成 c/v を導き出すことができます。

　利潤率 p′ を規定する要因が2つ示されましたが、その2つは、主に資本の生産過程に関わる要因になります。資本の運動は、繰り返される「つながる」運動ですから、そのつながりのなかで、流通は、重要な意味を持ちます。資本の運動で生み出される生産物 W′ の価値を実現して貨幣 G′ のかたちにするのは、

流通です。流通は、資本増殖の度合いを考える際には、流通期間が問題となります。それは、生産期間とともに、資本の回転期間を構成します。この回転期間（生産期間＋流通期間）が、一定期間（例えば、1年間）に何回繰り返されるのかという回転数によって、投下資本の増殖割合に変化が生じます。例えば、100億円の資本 G が年に1回転して増殖分20億円を生み出す場合に、利潤率 p′ は、20億円/100億円で、20％ですが、100億円の1回転分の成果が同じで年に2回転すれば、40億円/100億円となり、利潤率 p′ は、40％になります。このように、利潤率 p′ は、回転の割合を示す回転率（記号で n と表記）によっても規定されます。そこで、回転率 n を入れた利潤率 p′ の式は、つぎのように示されます。

$$p' = \frac{m}{c+v} \cdot n = \frac{m}{v} \cdot \frac{1}{\frac{c}{v}+1} \cdot n$$

これで、利潤率 p′ を規定する3つの要因がそろいました。それらの要因が、どのように資本の運動や、それに伴う利潤率 p′ の変動に関わるのかは、今後の項目で具体的に検討します。ここでは、それぞれの要因が利潤率 p′ にたいして持つ基本的な関係を確認することにします。

（1）剰余価値率 m/v

剰余価値率 m/v が上がれば、利潤率 p′ は上がります。剰余価値率 m/v を上げる動きとしては、主に項目【29】で検討した絶対的剰余価値の生産や項目【32】で検討した相対的剰余価値の生産が考えられます。

（2）資本の有機的構成 c/v

資本の有機的構成 c/v の上昇（高度化）は、項目【55】で詳細に検討するように、利潤率 p′ を低下させます。他方で、項目【53】で検討するように、個別の資本にとって、資本の有機的構成 c/v の高度化は、より高い利潤率 p′ を達成するための、最も有効な手段になります。

（3）回転率 n

回転率 n を上げれば、利潤率 p′ は高まります。この点は、項目【58】で、商業資本の役割を検討する際に、その関係を具体的に考察することにします。

【52】諸資本の部門間競争とは、どのようなものですか。

異種業界（部門間）では、利潤率を意識して競争が展開されます。

利潤率は、資本の増殖率を示す指標として、資本の運動にとっては重要な意味を持ちます。例えば、100億円の資本を投下して、それが110億円になるのか、120億円になるのかでは、10億円の差が生じますし、利潤率で示せば、10％と20％との違いになります。100億円の貨幣Gを資本として運用する場合に、10％と20％との違いは切実になります。利潤率は、資本の運動の成果がどれほどかを示す指標になりますが、その指標は、大きくわけて2通りになります。その1つは、社会的総資本の運動を示す利潤率で、社会全体の資本にとっての運動の目安となる利潤率です。これを、一般的利潤率、または平均利潤率と捉えます。もう1つは、個別の資本にとって、その運動の成果を示す利潤率です。これを、一般的利潤率と対比して、特殊利潤率と捉えます。個別の資本だけではなく、同種業界での平均的な利潤率も、社会全体の利潤率としての一般的利潤率と対比する場合は、特殊利潤率となります。一般的利潤率や平均利潤率と対比する場合は、すべて特殊利潤率になりますので、あえて特殊利潤率としないで、利潤率と表記して話を進めます。

そこでまず、社会的総資本の一般的利潤率（平均利潤率）がどのように形成されるのかを検討します。一般的利潤率（平均利潤率）を形成する基本的な仕組みが問題ですので、社会的総資本が、資本の有機的構成を異にする5つの部門（業界）で成り立つ場合を、［表1］のように想定します。社会的総資本が500兆円で、各部門IからVの資本は、それぞれ100兆円ずつとし、その部門の構成にしたがって不変資本cと可変資本vに投下される場合を考えます。

［表1］の社会的総資本500（390c＋110v）と平均構成（78c＋22v）から、平均利潤率（一般的利潤率）22％が導き出されます。このことを前提して、比較検討しやすい部門I・III・Vを［表2］として、①〜⑧の関係を説明します。

［表2］に基づいて、資本の有機的構成が最も低い部門IIIと最も高い部門V、その中間の部門Iでの部門間競争の基本的な関係を検討します。その際に、①各部門とも剰余価値率を100％と想定します。このことから、労働が価値を生むという本質規定に基づき、②剰余価値のI20、III40、V5が導き出されます。③本質規定から導き出される利潤率は、生産性の高い資本集約的な部門Vよりも生産性の低い労働集約的な部門IIIの方が高くなります。現実には、その

[表1] 資本の有機的構成の異なる異なる部門Ⅰ～Ⅴの諸要素①～⑧

資本構成	①剰余価値率	②剰余価値	③利潤率	④消費されるc	⑤商品の価値	⑥費用価格	⑦平均利潤率	⑧生産価格
Ⅰ 80c+20v	100%	20	20%	50	90	70	22%	92
Ⅱ 70c+30v	100%	30	30%	51	111	81	22%	103
Ⅲ 60c+40v	100%	40	40%	51	131	91	22%	113
Ⅳ 85c+15v	100%	15	15%	40	70	55	22%	77
Ⅴ 95c+ 5v	100%	5	5%	10	20	15	22%	37

[表2] 資本の有機的構成の異なる異なる部門Ⅰ・Ⅲ・Ⅴの諸要素①～⑧

資本構成	①剰余価値率	②剰余価値	③利潤率	④消費されるc	⑤商品の価値	⑥費用価格	⑦平均利潤率	⑧生産価格
Ⅰ 80c+20v	100%	20	20%	50	90	70	22%	92
Ⅲ 60c+40v	100%	40	40%	51	131	91	22%	113
Ⅴ 95c+ 5v	100%	5	5%	10	20	15	22%	37

逆ですが、本質規定では、そのようになります。本質と現象との違いは、本質を基本にして現象に近づける筋道を示すことで明らかにします。④消費されるc（不変資本）は、建物や機械などの減価償却分、消費される原材料で構成され、任意の値を想定します。⑤商品の価値は、消費されるcと新たな価値で構成され、部門Ⅰは、50c＋20v＋20m＝90、部門Ⅲは、51c＋40v＋40m＝131、部門Ⅴは、10c＋5v＋5m＝20 となります。⑥費用価格は、可変資本v＋④ですから、部門Ⅰ50c＋20v＝70、部門Ⅲ51c＋40v＝91、部門Ⅴ10c＋5v＝15 となります。⑦平均利潤率が22%ですから、平均利潤22が⑥の費用価格に加えられて、⑧各部間の生産価格が導き出されます。

　このような資本の有機的構成の異なる諸部門を比較検討する意義は、(1) 部門間の競争がどのように展開されるのか、(2) 一般的利潤率（平均利潤率）がどのようにして形成されるのか、(3) 自由競争価格としての生産価格が価値を基にしてどのように導き出されるのか、を明らかにすることです。

　部門間競争の考察では、より高い利潤率を求めて、諸資本が部門間移動することによって利潤率が均衡化し、一般的利潤率が形成され、価格変動の中心が価値から生産価格に転化することが導き出されます。この点は、項目【53】で部門内競争を検討したのちに、項目【54】で、さらに詳しく検討します。

【53】諸資本の部門内競争とは、
どのようなものですか。

 部門内競争は、
個別的価値を下げて超過利潤を求める競争になります。

「価格競争」という言葉を耳にしたことがあるかもしれません。それは、同じ業界内で、同じような製品を販売する際の戦略として、価格を下げて他社に比べてより多くの自社製品を販売し、より多くの利益獲得をねらいとする競争と捉えることができます。このような競争を、本質的な関係に基づいて考察することが、部門内競争の検討課題となります。その目的は、2つあります。その1つは、「価格競争」に示される動きを、価値を基礎にした本質的な関係から解き明かすことです。2つ目は、諸資本が競争を展開するうえで、その推進的動機となるものが何かを明らかにすることです。

部門内（業界内）での競争は、同じような商品の個別的価値と市場価値との関係が問題になります。そこで、同種の商品を生産する資本を、その生産条件（資本の有機的構成）の違いを念頭に置いて、A群（資本の有機的構成が高く生産性の高い生産条件を持つ資本群）、B群（中位の生産条件で、同種商品の市場における支配的な状況にある資本群）、C群（生産条件が低い資本群）という3つの資本群を想定し、A群、B群、C群が、［表］のような関係にあるものと考えます。

［表］の①は、各資本群の個別的価値を示したものです。A群は、高い生産条件が資本の有機的構成（75c＋10v）の高さで示されます。資本の有機的構成は、B群（75c＋15v）、C群（75c＋20v）というように、低くなります。剰余価値率が同じ（100％）で各商品生産が行われる場合に、生産される剰余価値は、A群が10m、B群が15m、C群が20mですから、（c＋v＋m）の価値構成によって決まる、それぞれの個別的価値は、A群95、B群105、C群115となります。その個別的価値に基づいて導き出される個別的な利潤率②は、A群が12％、B群17％、C群21％です。この商品種の市場価値は、市場において支配的なB群の個別的価値で規定されると仮定すれば、市場価値③は、105になります。

［表］部門内競争例

資本群	①個別的価値	②個別的利潤率		③市場価値	④部門利潤率	
A	95 (75c＋10v＋10m)	10/75＋10	12％	105 (75c＋10v＋20p)	(24％)	17％
B	105 (75c＋15v＋15m)	15/75＋15	17％	105 (75c＋15v＋15p)	(17％)	17％
C	115 (75c＋20v＋20m)	20/75＋20	21％	105 (75c＋20v＋10p)	(11％)	17％

（小数点以下は四捨五入）

その部門で競争制限的な要因が働いて、C群の個別的価値が市場価値を規定するような場合も、可能性としてはありますが、自由競争が貫徹すると仮定して、B群の個別的価値による市場価値規定が想定されます。この場合に、A群は、20の利潤を得ますが、その20の利潤は、剰余価値を超える超過利潤10を含んでいます。B群は、15の利潤、C群は、10の利潤になります。部門全体の部門利潤率④は、17％ですが、A群の利潤率は、24％、C群の利潤率は、11％になります。

　［表］で示されるように、資本の有機的構成を高めて、個別的価値を下げ、剰余価値を超える超過利潤として市場価値との差額を得る資本の動きは、生産性を高めて費用価格を下げ、費用価格を超える超過利潤として市場価格との差額を得る資本の動きを、価値関係で示したものになります。その価値関係で示した個別的価値と市場価値との関係は、下の［図］で示すことができます。

　より多くの利潤を求める資本の動きは、この個別の資本による超過利潤を追求する動きとして示されます。このような剰余価値、あるいは費用価格を超える超過利潤の追求が、諸資本の競争の推進的動機となります。資本の有機的構成の高度化は、そのための最適な有効手段と捉えられます。

　これまで、部門間競争と部門内競争とを別々に考察しましたが、項目【54】では、その競争の動きを総合的に検討します。

［図］

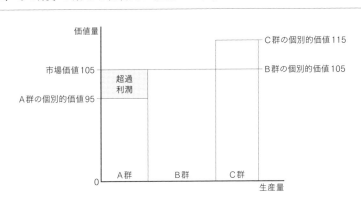

【54】部門間競争と部門内競争との関係は、どのようになっていますか。

 部門間・部門内の別なく、
平均利潤を生命線とする競争が展開されます。

　諸資本の競争について、部門間競争と部門内競争を、それぞれ別々に考察しました。しかし、利潤率をめぐる競争と価格をめぐる競争は、部門間・部門内の別なく、どの資本にも当てはまります。例えば、100億円を資本として投じる場合は、最も利潤があげられる部門を選びますが、すでに資本として運用されている場合は、どの部門であっても、平均利潤をあげることが、資本の運動の最低限の達成目標となります。その意味では、平均利潤は、資本の運動の生命線となり、平均利潤率は、その指標となります。このことを念頭に置いて、部門内競争の例を振り返れば、そこから、部門間競争につながる資本の動きが読み取れます。［表1］で示されるように、④部門利潤率は、17％になっており、部門間競争で導き出された平均利潤率22％を下回っています。

　この部門は、24％の利潤率をあげるA群以外は、B群、C群ともに平均利潤率以下になることから、平均利潤以上をめざすB群、C群からの部門間移動が生じます。その場合に、移動した資本分の供給量が減少しますから、需要量が変わらなければ、市場価格が上昇します。この動きは、市場価格の変動の中心となる市場価値が、限りなくC群の資本の個別的価値に向かう傾向を示します。このことは、【52】の［表］から部門I・IV・Vを抽出した［表2］で示されるように、平均利潤率を下回る諸部門にも当てはまります。

　［表2］の部門Vでは、資本の有機的構成が非常に高いにもかかわらず、平均利潤以下の利潤しか得られなければ、部門Vから他の部門への資本移動が生じ、平均利潤をあげる市場価格レベルに向かう供給量の減少傾向が生じます。

［表1］部門内競争例

資本群	①個別的価値	②個別的利潤率	③市場価値	④部門利潤率	
A	95 (75c+10v+10m)	10/75+10 12%	105 (75c+10v+20p)	(24%)	17%
B	105 (75c+15v+15m)	15/75+15 17%	105 (75c+15v+15p)	(17%)	17%
C	115 (75c+20v+20m)	20/75+20 21%	105 (75c+20v+10p)	(11%)	17%

［表2］部門間競争例

資本構成	①剰余価値率	②剰余価値	③利潤率	④消費されるc	⑤商品の価値	⑥費用価格	⑦平均利潤率	⑧生産価格
I 80c+20v	100%	20	20%	50	90	70	22%	92
IV 85c+15v	100%	15	15%	40	70	55	22%	77
V 95c+ 5v	100%	5	5%	10	20	15	22%	37

また、少し視点を変えれば、部門Ⅴは、機械などの固定資本部分の割合が高いために、その分を加味した利潤率が低くなりますが、固定資本部分の減価償却費と原材料などの消費部分は、10c となりますので、不変資本 c と可変資本 v は、15(10c＋5v) になります。この 15(10c＋5v) で 5m を生み出すとすれば、増殖率は約33％になりますので、部門Ⅴは、効率よく利潤をあげる部門となります。さらに、部門Ⅴのように資本の有機的構成が高い部門は、その高さが資本の競争制限（参入障壁）となり、平均利潤以上の利潤が得られる市場価格水準が維持される可能性があります。この場合に、その部門の生産条件の低い資本群でも平均利潤を超える超過利潤が得られる可能性も生じます。その超過利潤は、項目【53】の［図］で示したＣ群の剰余価値が超過利潤の源泉になるように、社会的には他の部門の他の資本で生産される剰余価値からの価値移転として捉えられます。社会全体としては、総利潤が総剰余価値に規定される方向で調整されることになります。

　諸資本の競争、あるいは競争制限によって、市場価格の変動は、その中心軸が価値から生産価格へと、あるいは競争制限的な価格へと変化しますが、社会全体としては、「総剰余労働量→総剰余価値→総利潤」、「総投下労働量→総価値→総生産価格」という規定関係が、諸変動の「軸」を形成します。投入労働量と価値、価格、あるいは剰余労働量と剰余価値、利潤との量的な関係は、現実の世界では、通貨供給量の変動に伴う価格変動や信用に基づく「価値の膨張」を考えれば、必ずしも量的に一致しない場合が生じます。しかし、そのことで、本質と現象形態との質的な関係が否定されるわけではありません。本質的な関係で示される動きが、現象形態に関わる動きにどのように反映され、その運動がどのように規定されるのか、どのような傾向を持つのかが問題となります。

　利潤率に関わる動きとしては、本質的な関係から導き出される個別資本のより高い利潤率を求める動きと、社会全体の一般的利潤率（平均利潤率）との関係が問われることになります。この点は、つぎの項目【55】で、一般的利潤率の傾向的低下の法則の考察として検討することにします。

【55】一般的利潤率の傾向的低下の法則とは、どのようなものですか。

 法則はシンプルですが、
資本にとっては脅威になります。

　利潤率は、社会的総資本の利潤率となる一般的利潤率でも、個別資本の利潤率でも、それを規定する要因は変わりません。すでに項目【51】で検討したように、利潤率を表す式は、つぎのように示されます。

$$p' = \frac{m}{c+v} \cdot n = \frac{m}{v} \cdot \frac{1}{\frac{c}{v}+1} \cdot n$$

　利潤率 p' の式で示されるように、利潤率を規定する要因は、(1) 剰余価値率 m/v、(2) 資本の有機的構成 c/v、(3) 資本の回転率 n、という3つの要因です。また、利潤率 p' を構成する要素は、記号で明示されるように、不変資本 c、可変資本 v、剰余価値 m になります。利潤率 p' の動きは、3つの要因（m/v、c/v、n）と3つの要素（c、v、m）で決まります。記号で示される3つの要因と3つの構成要素との組み合わせですから、組み合わせのパターンは、それほど複雑なものではありません。また、問題となる一般的利潤率 p' の動きに関わる法則は、より多くの利潤を追求する資本の本性そのものによって必然的に導き出される法則ですから、記号で表現すれば、非常にシンプルなものとして捉えられます。しかし、項目【56】や【57】で検討するように、記号で示される中身を考えれば考えるほど、その法則が単純なものではないことがわかりますから、シンプルである反面、中身の濃い法則といえるかもしれません。そこでまず、なぜその法則がシンプルなのか、そして、なぜそれが資本にとって脅威なのかを示すことにします。

　資本の本性は、より多くの利潤を求めることです。項目【53】【54】で検討したように、諸資本の競争の推進的動機は、剰余価値、あるいは平均利潤を超える超過利潤の追求です。そのための最適な手段として、資本の有機的構成 c/v の高度化が推進されます。利潤率 p' の式からわかるように、資本の本性にしたがって、c/v を高めれば、p' は下がります。これが、一般的利潤率の傾向的低下の法則ですから、単純明快です。そして、この法則が資本にとって脅威なのは、より高い利潤率をめざして資本の有機的構成を高度化する動きが、結果的に社会全体の資本にとっての一般的利潤率を下げてしまうという、資本主義にとって致命的な矛盾を含んだ法則となるからです。

【56】なぜ「傾向的」低下の法則なのですか。

法則に反対に作用する要因により、
利潤率低下は、傾向的なものになります。

　利潤率を規定する要因が、一般的利潤率にどのように作用するのかをまず考えます。規定する要因 (1) 剰余価値率 m/v、(2) 資本の有機的構成 c/v、(3) 資本の回転率 n と利潤率 p′ との関係を示したものが、下の［図1］です。

　地球では重力の法則が働きますが、資本主義では一般的利潤率の傾向的低下の法則が働きます。地球での重力に当たる、利潤率を低下させる作用を「墨矢印」で、重力に対抗する浮揚力に当たる、利潤率を上昇させる作用を「薄墨矢印」で示したものが、［図1］になります。「薄墨矢印」の作用は、法則には反対に作用する要因として、利潤率を上昇させますが、そのことによって法則が否定されるわけではありません。地球で重力の法則が働くように、資本主義では、反対に作用する要因がありながらも、その法則が働く（その傾向がある）ことになりますので、法則は、「傾向的」低下として、その存在感を示します。そこでつぎに、法則とそれに反対する諸要因との関係を、利潤率を規定する3つの要因ごとに考察します。その際に、3つの要因は、資本の本性にしたがって、より多くの利潤追求に動く場合を考えます。

(1) 剰余価値率 m/v

　剰余価値率 m/v は、絶対的剰余価値の生産（項目【29】）や相対的剰余価値の生産（項目【32】）で検討したように、より多くの剰余価値追求の動きに連動しますから、［図2］のように、剰余価値率 m/v は上昇し、それに伴って利潤率 p′ も上昇します。

(2) 資本の有機的構成 c/v

　資本の有機的構成 c/v の高度化は、利潤率 p′ を低下させますが、構成要素 v については、［図3］のように、v を制限、あるいは低下させる動きは、同じ動きが利潤率 p′ にたいする相反する作用となって表されます。例えば、非正規雇用者の低賃金は、v を低下させますから、v の低下が剰余価値率 m/v を上昇させ、利潤率 p′ の上昇要因になりますが、同じ v の低下が資本の有機的構成 c/v を高めて、利潤率 p′

［図1］

$$p' \downarrow = \frac{m}{v} \Uparrow \cdot \frac{1}{\frac{c}{v} \Uparrow + 1} \cdot n \Uparrow$$

利潤率を低下させる作用 ⬇
利潤率を上昇させる作用 ⇧

［図2］

$$p' \Uparrow = \left(\frac{m}{v}\right) \Uparrow \cdot \frac{1}{\frac{c}{v} + 1} \cdot n$$

［図3］

$$p' \downarrow = \frac{m}{\left(v\right)} \Uparrow \cdot \frac{1}{\frac{c}{\left(v\right)} + 1} \cdot n$$

[図4]

$$p' = \frac{m}{v} \cdot \frac{1}{\frac{c}{v} + 1} \cdot n$$

[図5]

$$p' = \frac{m}{v} \cdot \frac{1}{\frac{c}{v} + 1} \cdot n$$

の低下要因になります。

　資本の有機的構成 c/v のうち、構成要素 c については、[図4]のように、より多くの利潤追求の動きが、c 部分の上昇と低下との両方の内容に関わります。超過利潤の追求が諸資本の競争の推進的動機となり、そのために諸資本は生産性を上げる傾向を持ちますから、基本的には c 部分を上げ、その動きが利潤率 p' の低下につながります。一方、より多くの利潤を追求する動きが、c の充用上の節約（例えば、建物・環境保全装置などの節約、機械の改良、大規模生産、廃物利用や廃物の最小化などの不変資本の効率化による節約）を促し、c 部分を減少させることもあります。このような c 部分の減少は、利潤率 p' の上昇要因になります。また、c 部分については、輸入原料価格の変動も、利潤率 p' の変動要因になります。例えば、輸入原料価格が上がれば、利潤率 p' は低下します。

（3）資本の回転率 n

　資本の回転率 n については、生産性が上昇すれば、生産期間が短縮される可能性が高まりますし、流通期間を短縮させる運輸や商業活動により、資本の回転率が高まりますから、[図5]のように、利潤率 p' を上昇させる要因になります。

　利潤率を規定する要因の検討を通して、法則に反対に作用する諸要因があることがわかりました。そのような諸要因の作用によって、現実には、一般的利潤率が下がらないことがありえます。しかし、資本の本性と不可分な資本の有機的構成の高度化が社会的総資本の利潤率を低下させるという関係は、現実の利潤率の動向にかかわらず、法則としての存在根拠になります。その法則の影響に関わる問題を、つぎの項目【57】で検討することにします。

VII

096

利潤および利潤率について

【57】利潤率の傾向的低下の法則から、 どのようなことがわかるのですか。

 法則の影響は、 資本主義の致命的な矛盾と深く関わります。

　重力の法則が、地球に存在する様々な「物」の動きに影響を与えるように、一般的利潤率の傾向的低下の法則も、資本主義における経済活動に様々な影響を与えます。法則は、「資本の本性→より多くの利潤・より高い利潤率の追求→資本の有機的構成の高度化→一般的利潤率の低下」という関係で示される法則ですから、法則の影響は、一連の動きと密接な関わりを持って示されます。その影響を、つぎの3つの項目で検討します。

（1）資本蓄積との関連

　資本蓄積については、項目【45】で資本蓄積の一般的法則を検討した際に、相対的過剰人口が資本蓄積の産物であるとともに、資本蓄積を促進させる梃子（てこ）になることを、法則の内容を構成する動きとして示しました。資本蓄積の一般的法則は、「資本の本性→より多くの増殖分の追求→資本の有機的構成の高度化→相対的過剰人口の累積→一方の極での富の蓄積と対極における貧困の蓄積」という図式で示される資本蓄積の一般的法則でした。この図式と「資本の本性→より多くの利潤・より高い利潤率の追求→資本の有機的構成の高度化→一般的利潤率の低下」という図式から、「相対的過剰人口の累積」と「一般的利潤率の低下」との関連が問題となります。その違いは、働き手の命運に関わることと資本の命運に関わることとの違いです。その共通点は、両者ともに、同じ要因によって導き出される資本主義の命運として捉えられます。その命運については、つぎの制限性との関係で、さらに検討します。

（2）資本主義の制限性との関連

　資本蓄積との関連で問題とした「相対的過剰人口の累積」と「一般的利潤率の低下」との結びつきを、視点を変えて検討します。「資本の有機的構成の高度化→相対的過剰人口の累積」が存在しますが、他方で、「資本の有機的構成の高度化→一般的利潤率の低下」という動きから資本の過多が導き出されます。低い利潤率でもより多くの利潤量を獲得できる大資本がある反面、それができない弱小資本は、資本の競争から排除されるかたちで、社会的には、資本の過多となります。社会的総資本の運動傾向から、一方で労働力人口の過剰、他方で資本の過多が生じますが、それらが結びつかないのは、あるいは結びつけられないのは、「資本の本性→より多くの利潤・より高い利潤率の追求→資本の

有機的構成の高度化→一般的利潤率の低下」の法則が存在する資本主義の宿命といえます。資本主義の宿命は、過剰な労働力人口と資本の過多との同時存在だけではありません。平均利潤が資本活動の生命線となることから、その増殖欲求にとっての相対的過剰人口の形成は、利潤率低下の法則による平均利潤水準の低下傾向から、資本蓄積に伴う相対的過剰人口の累積化につながります。このことから、資本蓄積は、一方では過剰人口層とその重石で制限を受ける働き手の消費制限を生み出し、他方では拡大された規模での生産増を生み出す関係が導き出されます。このような関係から、商品の過剰生産が生じ、恐慌による過剰生産の調整という動きが生じます。このことは、すでに項目【4】で示した資本主義の基本的矛盾の現れとして捉えられます。一方における利潤追求による供給拡大と他方における利潤追求による需要制限とが相対立するという、資本主義にとっての致命的な矛盾が、そこに見られます。

（3）制限性の一時的な克服と矛盾の深化

　資本主義には、資本蓄積の一般的法則、一般的利潤率の傾向的低下の法則、さらにはそれらの法則と関連する資本主義の基本的矛盾が存在します。資本主義は、それらの法則、あるいは矛盾に関わる制限性がありながらも、過剰生産が恐慌によって調整されるように、当面の制限性を乗り越えて発展する力を持ちます。その力の源泉は、世界的規模で創出される新たな労働力や労働力人口の貯水池からくみ出される労働力のほかに、世界的なネットワークに基づく信用形成がその力の源泉ともなります。

　一般的利潤率の傾向的低下の法則に関しては、資本蓄積のための追加投資分の遊休化やより高い利潤率を求めての多角化、さらにはより高い利潤率でより多くの利潤の獲得が可能な海外での資本展開が行われることで、結果的にその制限性の回避が生じます。また、超過利潤を固定化する資本の競争制限や一般的利潤率の形成に加わらない金融部門での資本運用は、同じく結果的には法則の作用を回避する動きになります。このことから、競争制限や経済の金融化の動きが、一般的利潤率の傾向的低下の法則と無関係ではないことがわかります。資本主義は、自ら生み出す制限性を乗り越えながら発展しますが、致命的な矛盾の自己運動としての発展を強いられます。

【58】商業資本の役割は、何ですか。

一言 商品媒介業務の専業化により、
商品流通の効率が高まります。

　就職活動に際して業界研究をするという話は、よく聞きます。業界研究が必要なほどに様々な業界がありますが、これまで考察してきた産業資本は、そのうちのメーカーといわれる業界です。そこで、なぜ業界全体の一部にすぎない産業資本に力を入れて考察してきたのかが問われますが、それは、経済が生産、分配、消費の動きで、生産がその機軸になるからです。これまでは、その生産に注目して、資本の運動を考察してきました。しかし、経済活動は、産業資本だけで成り立つわけではありません。産業資本によって生産される商品 W′ は、商社や物流、小売などのような業界の資本（商業資本と捉えます）によって商品が取り扱われ、生産された商品の価値が貨幣 G′ として実現されます。この産業資本と商業資本との関係を記号で示せば、つぎのようになります。

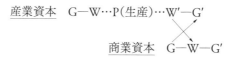

産業資本　G—W…P(生産)…W′—G′

商業資本　G—W—G′

　商業資本も資本ですから、G—W—G′ という運動を展開しますが、それは、記号で示されるように、産業資本の W′—G′（商品流通）を媒介する活動となります。その関係は、産業資本の W′—G′ の動きから発生しますから、産業資本の動き㊒、商業資本の動き㊡という関係になります。この㊒㊡の関係が逆転することもありますが、その点は、項目【61】で検討することにします。

　商業資本は、商品流通の媒介業務を専門的に担う資本として、産業資本の W′—G′ の動きから自立化する資本ですが、その専業化によって流通業務の効率性が向上します。また、その商品流通の媒介業務は、商品輸送、保管、仕分け、包装などのような商品流通に付随する諸作業が分業化し、その専業化が進むことによって、商品流通全般の効率性が向上します。このような商業資本の活動により、商品の流通期間が短縮され、産業資本の回転率が高まります。

　商業資本は、産業資本の W′—G′（商品流通）を媒介し、産業資本によって生産される価値実現の役割を担いますが、新たな価値を生むことはありません。このことから、商業資本の利潤が、どのようにして生まれるのかが問題となります。この点は、つぎの項目【59】で検討します。

【59】商業利潤は、
どのようにして生み出されるのですか。

 商業利潤は、
産業資本によって生産される増殖分からの「分け前」として捉えられます。

　商業資本がどのように産業資本 W′—G′ を媒介して価値を実現し、どのように商業利潤を得るのかが検討課題になりますから、産業資本と商業資本との関係だけを問題にします。このことから、世の中に、産業資本と商業資本しかない状態を想定します。社会的総資本が、仮に 1000 兆円だとすれば、産業資本に 800 兆円、商業資本に 200 兆円が投下される場合を考えます。

　商業資本は、産業資本で生産される商品 W′ の価値を G′ として実現するだけですから、新たな価値は生みません。商業資本が価値形成や価値増殖と直接に関係しないことから、流通業務に必要な建物や機械、道具、労働力の購入のための費用に関して、価値生産に関わる区分としての不変資本 c と可変資本 v との区別が無用になります。そのような流通業務に必要な費用は、c と v との区別がないだけではなく、想定する商業資本 200 兆円のなかには当面含まれません。商業資本の活動には、流通業務のための諸費用が必要ですが、産業資本が生み出す価値を実現するという関係で商業資本を考える場合に、商業資本200 兆円は、商品購入だけのための貨幣額 200 兆円として捉えます。

　産業資本の再生産を問題にした際に、「つながる関係」がスムーズに展開され、安定した経済活動がどのように維持、継続、発展するのかを考えました。そのための予定調和的な想定を試みましたが、産業資本と商業資本との関係を検討する際にも、安定した経済活動を念頭に置いた想定が必要になります。そのことを念頭に置いた、産業資本と商業資本との関係およびそのための想定は、つぎのように示すことができます。

　（1）商業資本は、産業資本の W′—G′ を媒介する役割によって、その増殖分が生じますから、商業資本の増殖分（＝商業利潤）は、産業資本の運動によって生み出される増殖分（＝剰余価値）からの「分け前」になります。産業資本が生み出す増殖分を ΔG（デルタ G）とし、その ΔG が産業資本の利潤 $\Delta G1$ と商業利潤の $\Delta G2$ に分かれるとすれば、増殖分の関係は、$\Delta G = \Delta G1 + \Delta G2$ によって示すことができます。

　（2）商業資本も、平均利潤を資本の運動（＝企業活動）の目安としますから、産業資本に 800 兆円、商業資本に 200 兆円の資本が投入される場合に、そのどちらにも同じ資本量にたいして同じ利潤が得られるように競争（部門間移動）

が展開されることを前提とします。資本がどの部門に投入されても、同じ資本量にたして同じ利潤が得られるように利潤率が均衡化する（＝平均利潤率が形成される）ことを前提とすれば、社会的総資本が1000兆円で、社会全体の増殖分が200兆円ですから、平均利潤率は、20％になります。このことから、産業資本で生産される増殖分 ΔG が200兆円、産業資本の利潤 ΔG1 が160兆円（800×0.2）、商業利潤 ΔG2 が40兆円（200×0.2）となります。この増殖分の関係は、ΔG 200＝ΔG1 160＋ΔG2 40 で示されます。商業利潤40兆円は、産業資本によって生産される200兆円からの「分け前」となりますから、剰余価値200mからの分化した形態として捉えられます。

（3）商業利潤の発生根拠は示されましたが、もう1つ問題があります。商業資本200兆円で、価値額1000兆円の商品をどのように取り扱うのかという問題です。この場合に、商品価値は、1000兆円ですが、平均利潤率が20％ですから、産業資本が販売する商品の生産価格は、800兆円の費用価格と平均利潤160兆円で、960兆円です。このことから、商業資本は、この960兆円の商品を取り扱って、1000兆円の価値を実現し、40兆円の商業利潤を得るという関係が導き出されます。この関係は、つぎのような記号で示されます。

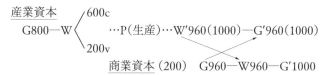

産業資本
G800—W〈 600c
…P（生産）…W′960（1000）—G′960（1000）
200v
商業資本（200） G960—W960—G′1000

　このように、200兆円の商業資本で、960兆円の商品を取り扱って、1000兆円の価値を実現するためには、産業資本が1回転する間に、商業資本が4.8回転（960÷200）する必要があります。産業資本が1回転で平均利潤160兆円を得る間に、商業資本が4.8回転で40兆円の平均利潤を得ることになります。このような想定は、「帳尻あわせ」にほかなりませんが、自由に競争が展開され、需給の均衡関係が維持され、社会的に効率のよい資本運動が展開される関係を示すための想定になります。

【60】利子生み貨幣資本とは、どのようなものですか。

一言 利子生み貨幣資本は、資本としての「増殖力」を持つ貨幣を融通して、その対価としての利子を受け取る資本です。

　業界のなかには、金融業界があります。銀行や証券、保険などの業種がありますが、それらの業種が金融業界とされるのは、「お金を融通」する役割を担うからです。「お金を融通」する場合でも、銀行や証券、保険などの業種で、「融通」の仕方が違います。例えば、銀行でしたら、預金者からの預金を基にして、お金を個人あるいは企業に貸し付けて（融通して）利子を受け取るかたちで「お金を融通」します。証券会社は、株式や社債のような証券の発行を通して、直接「お金を融通」する仲介役を担います。「お金の融通」の仕方は様々ですが、「お金の融通」先が企業であれば、金融業界に共通する性質が示されます。それが、資本としての「お金の融通」です。この性質を持つ資本が、利子生み貨幣資本となります。

　利子生み貨幣資本は、読んで字のごとく、利子を生む貨幣資本です。そこでまず、貨幣資本の検討からはじめます。資本の運動は G—W—G′ ですから、そのような資本として投じられる貨幣 G は、資本としての貨幣にほかなりません。しかし、ここで検討対象とする貨幣資本は、資本としての「増殖力」を持つ貨幣の「融通」、すなわち資本としての貸し付けが問題となります。資本としての貨幣の「融通」は、「増殖力」を持つ資本が商品として売買されることと捉えることもできます。商品は、使用価値と価格を持ちますが、貨幣資本が商品として提供する使用価値は、資本としての「増殖力」です。その商品にたいする支払としての対価が利子ですから、利子は、その貨幣資本の価格と捉えられます。貨幣資本として「融通」される、あるいは貸し付けられる場合の返済が利子というかたちで行われます。その資本の運動は、「融通」先の資本の運動を除けば、「増殖力」を持つ資本の運動だけで示されますから、記号では、G—G′ と表すことができます。G—G′ で示される増殖分が利子ですから、G—G′ は、利子を生む貨幣資本の運動を示すことになります。

　資本として貨幣の「融通」先は、資本ですから、「融通」先としての産業資本や商業資本と、「融通」する利子生み貨幣資本との関係が問題となります。この関係は、つぎの項目【61】で検討します。

【61】機能資本と利子生み貨幣資本とは、どのような関係なのですか。

 資本としての「増殖力」を、
「融通」する側と「融通」される側との関係になります。

　資本として貨幣の「融通」先は、産業資本と商業資本ですから、その「融通」と利子生み貨幣資本との関係が問題となります。その際の貨幣資本は、「増殖力」を持つ資本として「融通」され、増殖分は、利子というかたちをとります。そこで、産業資本や商業資本と利子生み貨幣資本との関係が増殖分の関係として捉えられますから、まずはその関係を検討します。

　産業資本と商業資本との増殖分の関係は、項目【59】で検討したように、商業資本の増殖分（＝商業利潤）は、産業資本によって生産される増殖分（＝剰余価値）からの「分け前」として捉えられます。産業資本が生み出す増殖分を ΔG（デルタ G）とすれば、ΔG と産業資本の利潤 $\Delta G1$、商業利潤の $\Delta G2$ との増殖分の関係は、$\Delta G = \Delta G1 + \Delta G2$ で示されました。この $\Delta G = \Delta G1 + \Delta G2$ に、新たに利子生み貨幣資本の増殖分 $\Delta G3$ や $\Delta G4$ が、利子として関係します。産業資本によって生産される増殖分を剰余価値と捉えれば、$\Delta G = \Delta G1 + \Delta G2$ は、剰余価値 m ＝産業資本の利潤 $\Delta G1$ ＋商業利潤 $\Delta G2$ となり、これに利子 $\Delta G3$ や $\Delta G4$ が加わります。$\Delta G2$ や $\Delta G3$、$\Delta G4$ は、労働によって生み出される剰余価値からの「分け前」ですから、剰余価値の分化した増殖分と捉えられます。この関係は、記号でつぎのように示すことができます。

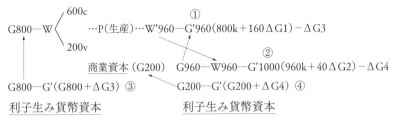

産業資本

$$G800 - W \begin{cases} 600c \\ 200v \end{cases} \cdots P(生産) \cdots W'960 - G'960(800k + 160\Delta G1) - \Delta G3 \quad ①$$

商業資本（G200）　$G960 - W960 - G'1000(960k + 40\Delta G2) - \Delta G4$　②

$G800 - G'(G800 + \Delta G3)$　③　　　　$G200 - G'(G200 + \Delta G4)$　④

利子生み貨幣資本　　　　　　　利子生み貨幣資本

　記号で示した関係の①②③④について、その内容を説明しながら、産業資本や商業資本と利子生み貨幣資本との関係を考えます。

　①産業資本 $G'960(800k + 160\Delta G1) - \Delta G3$

　800k は、不変資本 600c と可変資本 200v がすべて費用価格 k となることを意味します。社会的総資本が1000で、増殖分が200ですから、平均利潤率は20%となり、平均利潤は、$160\Delta G1$ となります。生産価格は、$800k + 160\Delta G1$ で

960です。投下資本800がすべて利子生み貨幣資本から「融通」される場合を考えれば、その利子 ΔG3 が融資にたいする返済分として、産業資本の利潤から差し引かれますから、160ΔG1 マイナス ΔG3 となります。

②商業資本 G′1000(960k＋40ΔG2)－ΔG4

商業資本が商品の購入資金 200G をすべて利子生み貨幣資本から「融通」される場合に、その 200G を4.8回転させて960の商品を売買し、1000の社会的な価値を実現させます。商業資本にとっての費用価格 k となる商品購入費960と販売価格1000との差額が、商業利潤 40ΔG2 ですが、それは、投下資本200にたいする平均利潤40(200×0.2)になります。その商業利潤から 200G の融資にたいする返済分が差し引かれて、40ΔG2 マイナス利子 ΔG4 となります。

③利子生み貨幣資本 G′(G800＋ΔG3) と④ G′(G200＋ΔG4)

産業資本 G800 の融資への返済、商業資本 G200 の融資への返済が、それぞれ利子 ΔG3・ΔG4 となります。それらの利子は、平均利潤率以下ゼロ％以上の間で、融資をする側とされる側の「力」関係の影響を受ける利子率で決まります。

産業資本も商業資本も、利子生み貨幣資本によって「融通」される「増殖力」を機能させることでは、共通の立場にある資本ですから、利子生み貨幣資本にたいして、機能資本と捉えることができます。

それらの資本の関係が記号で示されるように、産業資本の動きが㊑で、商業資本も利子生み資本も㊎の関係になります。しかし、産業資本にとっては、その運動のはじまりが利子生み貨幣資本によって左右され、運動の結びが商業資本によって左右されます。価値生産および増殖運動から導き出される関係とそれを左右する関係とは、「力」関係でいえば、往々にして㊑㊎関係が逆転します。商業資本と利子生み貨幣資本との関係も、同じことがいえます。しかも、産業資本と商業資本が、利子生み貨幣資本から「増殖力」を「融通」され、その「増殖機能」が問われますから、その機能を担う人間は、資本家でなくとも、その「増殖力」を機能させる雇われ者でよいことになります。むしろ、より効率よく機能させる人間であれば、有能な経営者となります。まさに「物」の関係が、人間関係に影響力を及ぼすことになります。このことは、すでに項目【11】【12】で検討した物神性の「極み」といえます。

【62】実体経済と架空・信用経済との関係は、どのようになっていますか。

 実体経済（実体的価値生産→価値加工）と架空・信用経済（価値膨張）の関係は、砂糖→ザラメ（砂糖粒）→綿菓子の関係に似ています。

　社会的総資本を、1000兆円と仮定した場合に、産業資本と商業資本、利子生み貨幣資本の関係は、つぎのような記号で示すことができました。

産業資本

$$G800—W \begin{cases} 600c \\ 200v \end{cases} \cdots P（生産）\cdots W'960—G'960（800k＋160 \triangle G1）—\triangle G3 \quad ①$$

$$商業資本（G200）\quad G960—W960—G'1000（960k＋40 \triangle G2）—\triangle G4 \quad ②$$

$$G800—G'（800＋\triangle G3）③ \qquad G200—G'（G200＋\triangle G4）④$$

利子生み貨幣資本　　　　　　　　利子生み貨幣資本

　利子生み貨幣資本が「融通」する貨幣Gが、労働に基づく価値実体のある貨幣であれば、記号で示されるすべての数字は、労働によって形成される価値の関係を示すものになります。労働に基づく価値実体のある商品や貨幣、資本の生産や分配、消費の動きを実体経済と捉えれば、記号で示した社会的総資本の動きは、実体経済に関わる産業資本、商業資本、利子生み貨幣資本の動きとなります。しかし、この動きの背景に、労働に基づく価値関係の考察から排除した経済活動が存在します。例えば、商業資本の考察に際して、G200のなかには、流通業務に必要な建物や機械、労働力などを購入する費用は含めませんでしたが、実際には、それらの費用は、取り扱う商品の販売価格のなかに入ります。商業労働は、価値を生産することはありませんが、流通業務に必要な諸費用を商品価格に入れ込む役割を持ちます。その労働は、産業資本で生産される商品価値に諸経費を入れて加工し、それを商品価格に反映させる役割を担うと捉えることができます。この価値の加工労働も、実体経済における生産や分配、消費の動きには欠かせない経済活動といえます。

　実体経済にたいして、信用によって架空な「価値」をもつ商品や貨幣、資本が形成されることから、その生産や分配、消費の動きを、架空・信用経済と捉えます。そこでまず、労働に基づく価値実体のない架空な商品とは何かが問題となります。そのような商品は、例えば、株式などの有価証券が考えられます。利子生み貨幣資本は、資本としての「増殖力」を持つ商品と捉えることができますから、この商品は、価値実体がない架空な商品、あるいは架空な資本とな

ります。例えば、株式は、商品として株式市場で売買されますから、株価は、株式市場における需要・供給関係によって変動します。しかし、株価は、基本的には、配当の資本還元によって導き出されますので、仮に利子率5％で500円の配当が得られる株であれば、1万円という株価でその資本としての姿が確認されます。その場合に、1万円の価値実体はないけれども、5％の「増殖力」を持つ1万円の資本として捉えられます。

　架空資本だけではなく、貨幣も中央銀行券がその役割を担う場合には、労働に基づく価値実体のない架空な「貨幣」になります。例えば、額面1万円の日本銀行券は、印刷物としては労働に基づく価値実体が20円に満たない「力」しかありませんが、国家による強制通用力と信用によって、1万円の額面の紙幣になれば、1万円の「力」を持ちます。信用と強制通用力の付与によって、20円に満たない「力」が500倍以上に膨らまされることになります。

　これまでは、実体経済の、主に労働に基づく価値に関わる経済関係および経済的な動きを検討してきました。それは、資本主義の基本的な仕組みと運動の解明を重視してきたからにほかなりません。しかし、現実の経済は、価値に関していえば、価値の生産から「価値加工」、「価値膨張」へと巨大な「力」の拡大傾向を持ちます。この関係は、例えば、［図］のような、砂糖からザラメ（砂糖粒）への加工、さらには綿菓子への膨張という関係に似ています。

　経済規模が信用によって膨らみ、架空な資本の運動が展開されたとしても、その運動は、根本的には、労働に基づく価値とそれに関わる関係によって規定されていますから、資本主義は、膨張によって不安定になることはあっても、その性質や発展方向が変わることはありません。

［図1］

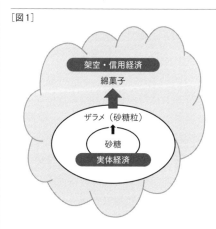

【63】現代資本主義は、
どのように捉えられるのですか。

 現代資本主義を、新自由主義的政策に
特徴づけられる国家独占資本主義と捉えます。

　資本主義であれば、いつでもその時々の現代の資本主義は、「現代資本主義」になりますが、資本主義の発展過程を考える際には、現代資本主義の捉え方は、重要な意味を持ちます。ここでは、現代資本主義を、新自由主義的政策に特徴づけられる国家独占資本主義と捉えます。資本主義における国家の役割は、資本主義である限りは、基本的に変わりません。国家は、資本蓄積のための環境整備の役割を担います。その環境整備が、道路や港湾の建設などの公共事業であったり、警察や軍隊による治安維持であったりします。また、不況や経済危機に際して、積極的な経済政策をとるように、国家が経済過程に介入することによって、資本蓄積を支え、促進させることもあります。その資本蓄積のための環境整備が、「大きな政府」といわれる政策であれば、国家独占資本主義という捉え方も理解されやすいかもしれません。しかし、「小さな政府」をめざす新自由主義的政策が、なぜ国家独占資本主義なのかが問題となります。そもそも独占資本主義という捉え方に、違和感があるかもしれません。

　独占的な市場支配力を持つ独占資本の形成は、とりわけ恐慌をきっかけとする不況期において弱い企業が淘汰され、強い企業が生き残ることを考えれば、拡大される規模で繰り返される景気変動を伴う資本主義の発展過程で、必然的に生じます。アメリカ合衆国では、すでに1890年に制定された反トラスト法で、巨大な力を持つ独占資本の活動を規制する法律が制定されています。諸外国では、公正で自由な競争の実現をめざすための競争法が制定され、日本でも、1947年に独占禁止法が制定されています。競争法や独占禁止法によって、独占が禁止されていますが、1社や2社による独占的支配でなければ、その業界での複数の巨大企業が市場支配力を持ち、国家の経済政策に影響力を持つ巨大企業の動きは、法律によって規制されることはありません。しかも、自由競争でなくとも、独占的な競争が、例えば、価格競争やシェア獲得競争というかたちで展開されていれば、法律には抵触しません。また、競争法や独占禁止法は、独占的な巨大企業が競争を展開して共倒れすることや共倒れによる経済の不安定化を防ぐねらいもあります。そこには、巨大企業を共倒れさせないで、経済の安定化をはかる国家の役割が反映されています。独占資本主義として考察の対象とするのは、このような、法律には抵触しない経済的支配力の存在です。

独占資本主義は、戦前の日本における財閥を思い浮かべれば、理解しやすいかもしれません。財閥は、親会社である「持株会社」を中心とする同族による多角的経営組織体ですが、巨大な産業資本と巨大銀行、さらには巨大商社の結合による経済支配力は、国家の政策を左右させるだけの影響力として示されました。この財閥の「同族による」という部分を除くだけで、そのような経済力を持つ組織体は、いまでも存在します。日本の独占禁止法第9条で禁止されていた「持株会社」を解禁させるほどの影響力を持つ巨大企業の組織体の存在は、独占資本主義の1つ指標となります。

　独占資本主義の指標は、つぎのように示すことができます。それは、(1)生産の集積・集中による資本集中度の高度化に伴う、巨大な「増殖力」と市場への影響力を持つ産業資本の形成、(2)資本集中度の高度化に基づく競争制限による、平均利潤を超える超過利潤の固定化、(3)超過利潤の固定化と拡大、その分配を可能とさせる巨大な産業資本と巨大銀行との結合による、強い経済力が発揮される仕組み、あるいは経済組織体の形成、という指標です。

　1970年代のオイルショックとスタグフレーションによる資本主義の行き詰まり状態からの脱却を契機として、国家の役割が、福祉国家型から新自由主義型へと変化します。その質的な変化によって、国家独占資本主義の性質そのものが変わることはありません。資本蓄積を促進するための政策的な経済過程への介入は、根本的に変化していません。規制緩和を特徴とする新自由主義的政策が世界中に波及する動きを、グローバリゼーションと捉えれば、現代資本主義は、グローバル資本主義と捉えられる時期区分と重なります。現代資本主義を考える場合には、規制緩和に特徴づけられる新自由主義的政策によって、どのように資本蓄積が促進されるのかを明らかにすればよいことになります。

　新自由主義的政策を特徴づける規制緩和が、グローバリゼーションの動きとして、実体経済だけではなく、架空・信用経済での利子生み貨幣資本の活動領域を世界規模で広げますが、この動きが、経済の金融化を促進する動きとなっています。この動きについては、つぎの項目【64】で、詳しく検討します。

【64】経済の金融化とは、どのようなものですか。

 経済の金融化は、「お金を融通」する資本の運動が、人間の生活を豊かに
する実体からかけ離れて、一人歩き(or暴走?)する動きです。

　経済の金融化を検討するにあたって、社会の富とは何かを、あらためて考え
てみます。社会の富といえば、著書『諸国民の富』で有名な、経済学の父とい
われるアダム・スミス(1723-1790)に触れないわけにはゆきません。アダム・
スミスは1740年に17歳の若さでグラスゴー大学を卒業し、オックスフォード
大学に進学しましたが、ロンドンを訪れる機会を得たスミスが目の当たりにし
たのは、ロンドンでの犯罪の多さでした。アダム・スミスは、国民の富を生活
必需品と捉え、その富をより多く生み出し、より広く国民にゆき渡らせること
で、社会は富むと考え、当時は駆け出しの資本主義に期待しました。ロンドン
での犯罪の多さに心を痛めた青年スミスが、社会を豊かにすることで、犯罪が
なくなると考えても不思議ではありません。

　経済は、生産と分配、消費の動きですから、何を生産し、どのようにそれが
分配され消費されるかによって、経済の内容が問われます。経済の金融化は、
生産と分配、消費の動きが「金融化」することにほかなりません。そこで、「金
融化」とは何かを考えてみます。

　「お金を融通」する資本とその役割については、項目【60】と【61】の利子生
み貨幣資本とその役割で検討しました。その際に、産業資本と商業資本という
人間生活に欠かせない実体経済を担う資本の運動を支えるための「お金の融
通」について、その仕組みと関係を検討しました。その関係を記号で示せば、
つぎのようになります。

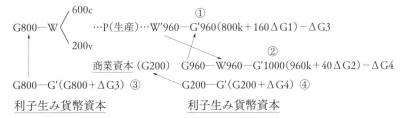

　利子生み貨幣資本が「融通」する貨幣Gが、労働に基づく価値実体のある貨
幣であれば、記号で示されるすべての数字は、労働によって形成される価値の
関係を示すものになり、記号で示した社会的総資本の動きは、実体経済に関わ

る産業資本、商業資本、利子生み貨幣資本の動きとして示されます。

　「お金を融通」する資本は、実体経済の動きを支え、人間の生活そのものを豊かにする経済活動となる役割を担う一方で、G—G′ という運動を展開する利子生み貨幣資本は、実体経済からかけ離れて独自の増殖運動を展開することにもなります。これが、経済の金融化です。

　経済の金融化については、「お金を融通」する先がどこで、誰の、何のための「融通」かが問題となります。その点について、すべてはG—G′ という記号が物語っています。それは、利子生み貨幣資本の運動そのものです。G—G′ が産業資本や商業資本とつながっている場合は、すでに示されています。しかし、そのつながりから離れて、G—G′ が独自で自己運動を展開する動きが、まさに経済の金融化にほかなりません。例えば、中央銀行が短期間に通貨供給を数倍に増やすとします。その数倍に増やされる通貨が、多くの国民の懐、財布の中身を数倍とはいわないまでも、多少増やせば、人間の生活を支えるための通貨の「融通」につながっていることが実感できます。しかし、それがないとすれば、供給された通貨がどこに行ってしまったのかが問われます。株価を支えたり、富裕層の資産運用を担う投資銀行の活動の場を広げたりするための通貨の「融通」であれば、それが、利子生み貨幣資本 G—G′ の独自の運動展開の実例となります。G—G′ の自己運動を展開させるための金融の自由化は、まさに新自由主義的政策を特徴づける規制緩和の賜_{たまもの}といえます。

　利子生み貨幣資本 G—G′ の独自の運動は、記号 G（貨幣）—G′（増えた貨幣）だけの自己運動ですから、際限がありません。この G—G′ の運動には際限がありませんし、貨幣は、「交換力」、「購買力」を持ちますから、際限のない「力」の拡大としても捉えられます。さらにいえば、G—G′ は、「増殖力」を持つ資本としての貨幣 G の運動です。「物」が持つ「交換力」や「購買力」、「増殖力」は、「物」の運動としての影響力があります。このことは、項目【11】【12】【61】で検討した、商品の物神性、貨幣の物神性、資本の物神性として、その影響力が示されます。他方で、それらの「力」は、人間が私的に個人的に持つ「力」ともなり、その影響力を持つことにもなります。格差社会は、この問題を孕_{はら}んでいます。この点は、つぎの項目【65】で検討します。

【65】経済格差は、
どのように捉えられるのですか。

 現代資本主義における経済格差は、
構造的な要因と政策的な要因によって生み出され、拡大されています。

　経済格差は、いつの時代にもあります。問題は、経済格差がどのような要因で発生するかです。例えば、奴隷制社会では、奴隷制を特徴づける奴隷と奴隷主との立場の違いから経済格差が生じます。封建制社会でしたら、封建制を特徴づける身分の違いから経済格差が生じます。それらは、奴隷制、封建制という社会の構造的要因によって生じる経済格差でした。それでは、資本主義における経済格差はどうでしょうか。この流れでゆけば、資本主義でも、構造的要因によって生ずる経済格差が考えられます。資本主義は、奴隷制や封建制を経て人間社会が発展・変化して形成される発達した社会制度です。奴隷制や封建制を特徴づけていた立場や身分を縛っていた構造的要因が取り払われ、人間の自由、平等が法律によって保証される社会になりました。しかし、自由、平等が法律によって保証されているとはいえ、基本的人権に関わる資本主義的な制限性は存在します。それを端的に示すものが、資本主義の経済構造から生ずる経済的な不平等性です。

　資本主義を特徴づける基本的な経済関係は、資本─賃労働関係です。生産手段を持つ者と持たない者とでは、資本の運動によって生ずる成果の分配に違いが生じます。生産手段がないがために労働力を商品として販売し、その再生産だけの糧しかもらえない労働者がいる一方で、その労働の恩恵を利潤というかたちで受け取る資本家がいます。このような資本─賃労働関係は、資本の運動の成果に優先的に関与する経営者や株主と、その多くの成果から排除される働き手との関係になっても、経済格差を生み出す資本主義の構造的要因としては変わりがありません。そのような構造的要因による経済格差は、資本蓄積（経済成長）の進展とともに拡大します。このことは、すでに項目【45】の資本蓄積の一般的法則で検討しました。

　構造的な経済格差問題にたいして、社会的総資本の安定的な成長を支える役割を担う国家が、公共事業としての有効需要創出策となる福祉国家型の政策だけではなく、高いレベルでの法人税や所得の累進課税などを課し、構造的な要因から生ずる経済格差を抑える政策がとられた時期もありました。しかし、1970年代の金ドル交換停止、オイルショック、さらにはスタグフレーションに示される資本主義の行き詰まりを契機として、資本の自由な運動を抑制して

いた鎖（規制）を解く政策への転換が余儀なくされ、資本の運動を縛っていた規制を緩和する動きが世界中に広がりました。これがグローバリゼーションです。

　グローバリゼーションに特徴づけられる現代資本主義では、その構造的な格差に加えて、政策的な要因による格差が生じています。格差要因を構造的に持っている資本主義が、その自由な運動を制約していた「縛り」が政策的に解かれることで、構造的な要因による経済格差が拡大し、さらに実体経済の制限性から経済の金融化が不可欠となり、金融の自由化を推進する政策も加わって、経済格差を非常に深刻なほどに拡大させているところに、現代資本主義における経済格差の特徴が示されます。

　少し視点を変えますが、資本主義が発展・変化して形成される社会体制を社会主義と捉えれば、社会主義にも経済格差が存在することを確認しておきます。社会主義は、資本主義が発展した彼方に存在する体制ですから、人間の基本的人権が最大限に保障される社会環境が形成されています。「精神的貧困」を生み出す資本主義に特有の「疎外された労働」や「人間疎外」から解放されますので、自由、平等を互いに保障し合う環境ができあがります。ただし、意識的に経済格差を容認することは排除できません。資本主義の発展のうえに形成されますので、物質的な経済基盤は確立されています。ですから、経済的には、健康的で文化的な生活を充たす生活レベルは維持されます。そのうえで、各人の要望に応じて、意識的に働く時間を調整することができます。そこで、5時間働けば、その分の成果を受け取ることになり、6時間働けば、その分の成果を受け取ることになります。このような、働きに応じて生ずる分配分の違いから、当然のことですが、経済格差が生じます。しかし、その場合は、構成員の納得のゆく意識的に許容できる格差になります。

　人間社会において、「物質的貧困」を解くカギは、資本主義が持っています。資本の本性によるものとはいえ、生産力を最大限に発展させる役割を資本主義は担うことができます。しかし、「精神的貧困」を解くカギは、資本主義が発展する先の社会が持つことになります。

【66】世界金融危機は、
どのように捉えられるのですか。

 世界金融危機は、
利子生み貨幣資本 G—G′ の自己運動（暴走）の結果です。

　2008年9月の投資銀行リーマン・ブラザーズの経営破綻を発端として、連鎖的な世界規模での金融危機が発生しました。リーマン・ブラザーズの負債総額は、約6000億ドル（当時の日本円換算で約64兆円）で、1社だけの負債額としては、途方もなく巨大な数字を示していますが、その後の世界同時株安も加わって、金融恐慌と呼べるほどの深刻な世界経済危機が世界中を襲いました。それは、金融界だけではなく、実体経済にも深刻な影響を及ぼし、2009年6月には、ゼネラルモータースが1728億ドルの負債を抱えて破産申請しました。リーマン・ブラザーズの破綻は、2007年の夏に表面化したサブプライム住宅ローン問題の影響を受けて生じたものですが、サブプライム住宅ローン問題やリーマン・ブラザーズの経営破綻を契機とする世界金融危機は、資本主義の発展過程で生ずる必然的な現象と捉えることができます。その点を、世界金融危機の必然性と現実性という視点で検討することにします。

（1）世界金融危機の必然性

　世界金融危機の必然性は、資本主義における恐慌の必然性と同様です。それは、資本主義であるからこそ生じる現象で、資本主義の基本的矛盾の発現形態として捉えることができます。恐慌の場合は、商品の過剰生産の調整としての矛盾の現れでした。世界金融危機の場合は、利子生み貨幣資本の過剰化の調整としての矛盾の現れとなります。その関係は、[図1] で示すことができます。

　資本主義の基本的矛盾は、項目【4】で示したように、生産の社会的性格と取得の私的資本主義的形態との矛盾ですが、世界金融危機の場合はその発展形態として捉えることができます。それは、実体経済から乖離して展開される利子生み貨幣資本 G—G′ の自己運動とその G—G′ の成果の私的資本主義的な取得と連関する貸付資金

[図1] 資本主義の基本的矛盾（発展形態）

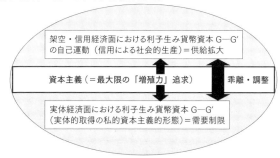

架空・信用経済面における利子生み貨幣資本 G—G′ の自己運動（信用による社会的生産）＝供給拡大

資本主義（＝最大限の「増殖力」追求）　　乖離・調整

実体経済面における利子生み貨幣資本 G—G′ （実体的取得の私的資本主義的形態）＝需要制限

[図2] 貨幣資本の供給・需要関係

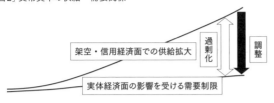

回収の動きとの関係から生ずる、利子生み貨幣資本の過剰化とその調整の動きとなります。この関係は、[図2] のように示すことができます。

(2) 世界金融危機の現実性

　実体経済から乖離して展開される利子生み貨幣資本 G—G′ の自己運動が、具体的にどのような動きで示されるのかが問題となります。事の発端は、サブプライム住宅ローン問題ですが、深刻な金融危機を生み出す根源は、金融の自由化に象徴される新自由主義的政策にあります。しかし、その政策も、資本主義の発展過程において、とらざるをえない政策ですから、根源をたどれば、資本主義そのものに行き着きます。根源を確認したうえで、また現実に戻ります。

　サブプライム住宅ローンという低所得者向けの危ない貸し付けをせざるをえない G—G′ 運動と、さらに危ない住宅ローンを証券化し、危険性が見えないかたちでのパック商品として売りに出させる信用システムを容認する規制緩和も、すべてが資本主義の発展過程における産物です。その発展過程で、G—G′ の自己運動を展開させる具体的な条件がそろって、貨幣資本の過剰化とその調整という動きが生じますから、その具体的な条件をあげることにします。それは、①金融の自由化を世界的に展開するための情報通信ネットワーク、②金融の自由化が世界的規模で展開されるための金融システムを形成する推進力（政治力と信用力）、③ G—G′ の自己運動を具体的に進めるうえでの金融商品や金融派生商品の開発と金融工学的手法、④投機的金融活動の制限要因（投資家の資金回収を含む思惑）、という条件です。これらの条件がそろって、世界金融危機の必然性は、現実性に転化します。

【67】地域経済の活性化のために、何が必要ですか。

 地域経済は、利子生み貨幣資本 G—G′ の自己運動とは異なり、地に足をつけた生産と分配、消費の動きが問われます。

　グローバリゼーションは、国境を越えての人、「物」（お金を含む）、情報が世界規模で移動・展開する動きですが、それは、世界各国の規制緩和政策によって形成される、際限のない資本の増殖運動を可能にさせる環境づくりでもあります。効率性を追求する資本の増殖運動が、グローバリゼーションの推進力ですから、その動きの地域経済への影響も、資本の運動の効率性を求める規制緩和による影響と重なります。資本の効率性を求める規制緩和の影響は、例えば、商店街を形成する小型小売店舗を守るための大型小売店舗規制が緩和、撤廃されることによって、商店街が衰退したり、資本にとって効率の悪い交通体系が見直されたりする動きとして現れます。また、特定の地域において、資本の効率性が追求でき、高利潤が期待できれば、大規模資本の特定の地域への展開が可能になります。地域経済の活性化のための大規模資本の工場誘致や大型小売店舗の誘致は、安定した法人税収入と雇用の創出、地域産業への需要創出という点で、地方自治体にとっては、目に見える地域経済活性化策となります。しかし、それが地域経済の活性化につながるのかどうかは疑問です。大規模資本が、世界展開するグローバル企業であれば、世界経済の動向に直接左右される不安定要素を常に抱えています。大規模資本や大型店舗の本部がその地域になければ、その地域で生み出される利益の多くは、本部に吸い上げられます。

　大規模資本に頼らない地域経済の自立的な発展が求められますが、そのためには、地域に根差した実体経済の活性化という課題があります。それは、地域の素材を有効に活用して、地域の生活基盤を形成する「物」やサービスに関わる生産と分配、消費の動きをいかに活性化させるのかという課題になります。項目【49】で再生産表式の意義を検討した際に、より効率のよい経済活動を遂行するための「つながる関係」の地域経済への応用によって、地域経済の活性化の道が拓かれる可能性があることを示しました。この再生産表式をヒントにして導き出されたレオンチェフ（1905-1999）の産業連関分析は、すでに特定地域（県や市町村レベル）の産業連関分析に活用されています。それは、地域における財貨やサービスの取引について、投入額（供給を構成する要素）をタテ軸に置き、それを中間投入（不変資本 c 部分）と粗付加価値（賃金 v と利潤 m）で示し、ヨコ軸に、その需要を構成する要素として、中間需要（中間財 c＋v＋

[図]

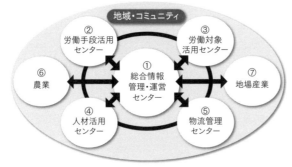

m）、最終需要（最終財 c＋v＋m）と地域外需要（地域外財 c＋v＋m）を置いて、地域における産業の連関を示す手法です。この産業連関表は、例えば、公共投資の波及効果を示すうえで、有効に活用されます。産業連関表の活用により、特定地域での商品生産の需給の均衡関係を導き出すことができますが、地域経済の場合は、商品生産に示される生産と分配、消費の動きだけではなく、商品生産に関わらない経済活動が重要な意味を持ちます。それは、地域住民やボランティア、シルバー人材による生産と分配、消費の動きです。その地域に存在する人材や資源を効率よく活用する取り組みとして、地域内循環型経済システムが考えられます。

　地域の人材や資源を有効に活用するための連携は、[図]のように示されます。①〜⑤は、それぞれの情報収集と管理のための部署で、地方自治体の組織としても、NPO組織の連携としても考えられます。②が建物や機械、道具などの労働手段、③が木材、飼料などの労働対象、④が人材、⑤が人材や資源による産物やサービスの分配、①がそれら②〜⑤の統合と運営、というような部署としての役割を担います。さらに、①と諸産業⑥⑦とが連携し、地域経済の活性化をはかります。このような連携は、例えば、廃校を活用して、人材育成研修所をつくり、そこでの産物を地域で活用する際の、①〜⑤および⑥や⑦との連携などが考えられます。連携の特質は、地域ごとに異なりますが、地域内の人材や資源を有効活用するための「つながる関係」の形成は、人材と資源の再生とその効率のよい循環活用に活かされることで、地域内循環型経済システムとなります。

【68】「働き方改革」は、
どのように捉えられるのですか。

国家主導の「働き方改革」は、
「働け方改革」になります。

　日本では、財界の要請を受けた政府の主導で、「働き方改革」が進められ、その法的な対応は、「働き方改革関連法」で示されています。その「働き方改革」の本質は、一言でいえば、資本にとっての効率のよい働かせ方の追求です。それは、「働き方改革」というよりも、むしろ「働け方改革」です。多くの人間を資本の運動の歯車に都合よく組み込むための、働「き」ではなく、働「け」方改革ですから、「きけん」な改革といえます。

　日本の労働力人口の推移を見れば、今後ますます働き手が少なくなります。労働によって資本の価値増殖が可能になりますから、経済の金融化が進み、労働に基づく資本の「増殖力」の創出度合いが低下するとしても、資本の「増殖力」の源泉が究極的に労働に基づくことを考えれば、労働力人口の減少傾向は、資本の価値増殖にとっては、まさに死活問題となります。「働き方改革」の主要なねらいは、労働力人口の減少を補うための労働力人口の創出ですから、その内容を検討することで、「働き方改革」の本質が見えてきます。

　資本主義における国家の基本的な役割は、資本蓄積を促す環境整備ですから、政府や財界主導の「働き方改革」は、働き手のためではなく、資本のための改革になりがちです。例えば、「改革」による残業時間の短縮は、残業代を含む賃金で生活せざるをえない働き手にとっては、賃金収入の減少になりますから、生活レベルの低下か不足分を補うための家族のパート労働化の可能性が生じます。また、非正規雇用者の待遇を正規と同様に扱うことから、非正規にもボーナスが支給される場合に、ボーナス支給のために毎月の給与が減らされる事態が生じ、「改革」によって、むしろ働き手の状態が悪化します。

　「働き方改革」に問題がありながらも、それを進める動因は、働き手を増やす必要性です。その働き手を増やす方法には、相対的過剰人口（産業予備軍）の労働力化があります。項目【44】で検討したように、相対的過剰人口には、流動的形態としての失業者、停滞的形態としての非正規雇用者、潜在的な形態としての専業主婦などが属します。「働き方改革」の残業時間の上限制限や同一労働同一賃金による条件整備は、産業予備軍の労働力市場への投入や非正規雇用者の増大を促し、安価な労働力を効率よく活用して資本の価値増殖を可能とする基盤づくりになります。また、労働力人口の減少傾向にたいする対策と

して、外国からの労働力導入があげられます。それは、日本国内での労働力人口の減少傾向を補う一連の動きに位置づけられますが、外国からの働き手の導入そのものが問題ではありません。問題なのは、安価な労働力としての導入です。安価な労働力導入に関しては、「働き方改革」がめざす高齢者就業の増加があげられます。「少子高齢化社会」は、決して憂慮すべきことではなく、経験豊富な高齢者が増えることは、豊潤な社会形成を考えれば、むしろ望ましいことです。高齢者が働ける環境づくりは、その豊潤な社会形成にとって不可欠ですが、それは、資本のための労働力人口に組み込むための「働け方改革」で実現されるべきではありません。

　これまで見てきたような、「働き方改革」による相対的過剰人口の労働力化は、働き手にとっては、二重の意味で「働け方改革」につながります。第1に、女性や高齢者の労働力市場への投入「改革」は、資本増殖欲求にとって過剰な労働力人口への編入を意味します。そのような相対的過剰人口の増大は、労働条件の改善要求や資本にたいする従属関係の是正にたいする重石効果の強化になります。第2に、「働き方改革」のねらいとする労働生産性の向上は、機械化（AI化）とそれに伴う労働強化によって推進されますが、それを実現させる条件は、資本に従順な働き手の存在ですから、相対的過剰人口の拡大がそのための条件づくりとしての効果を発揮します。

　このような政府主導の「働き方改革」ではなく、働き手にとっての「働き方改革」が求められます。それは、相対的過剰人口の重石から解放され、自己を高める生き甲斐の持てる本来の労働のあり方の追求になります。そのためには、相対的過剰人口を生み出す資本の増殖欲求そのものを規制する必要があります。資本の増殖欲求にたいする規制は、法人税の増税で可能になりますが、増殖欲求にたいする規制緩和が法人税の減税として現れ、それがグローバル化の動きとなっていることを考えれば、その動きに対抗する規制は、一国だけで実現できるものではありません。そのためには、国際レベルでの規制が必要となります。例えば、国際労働機関（ILO）が進める、人間らしい生活を継続的に営める人間らしい労働条件のもとでの働き方（ディーセント・ワーク）が、どこの国でも実現されるような規制強化が望まれます。

【69】AIによって、
社会はどのように変わるのですか。

 AIによって明るい未来が拓かれるのかどうかは、
その資本主義的な使用にたいする規制のあり方に関わります。

　2001年に公開されたスティーヴン・スピルバーグ監督の映画『A. I.』は、ま
さにAI（Artificial Intelligence人工知能）をテーマとしています。映画は、人間と同
じ愛情を持つようにつくられた少年型ロボットが、別れてしまった人間の母親
を慕って旅をする物語です。人間となって母親と再会したいという少年型ロボ
ットの願いは、人類が滅亡した2000年後に、1日だけクローンとして再生され
た母親と人間として再会することで叶います。映画には現実と非現実がありま
すが、高度に発達した技術力によって、人間と同じような感情を持つ人工知能
（AI）を備えたロボットがつくられる可能性は、否定できません。

　AIによって、これからの社会がどのように変わるのかは、その活用の仕方
に関係します。その活用の仕方は、すでに項目【32】で示した機械の使用と同
様に、2通り考えられます。1つは、本来のAIの活用の仕方です。もう1つは、
その資本主義的な使い方です。ここでは、とりわけ後者の使い方を検討します。

　2013年にオックスフォード大学のマイケル・オズボーン氏が発表した「雇用
の未来」という論文では、AIに取って代わられることで「消える職業」や「な
くなる仕事」が示されています。AIの研究とその応用開発は、すさまじい勢い
で進んでいますから、人間が行う仕事の約半分が機械（AI）に奪われるという
オズボーン氏の予測は、今日ますます現実味を帯びています。労働力人口が減
少傾向にある先進諸国では、AIを利用した少人数化を念頭に置いた雇用戦略
に基づいて、従業員の削減計画を打ち出している企業も少なくありません。日
本においても、AI化によって、大手銀行を中心に新規採用を減らす動きが見
られ、就職を考える際には、AIに取って代わられない職種を選択肢に加える
傾向も見られます。

　機械（AI）は、本来は人間の労働を軽減し、労働も含め人間が生きてゆくう
えで有用な環境づくりに役立つ役割を担います。しかし、機械の資本主義的な
使い方は、その本来的な役割とは全く逆の結果をもたらします。資本の運動が、
人間から自立した「物」の動き G—W—G′ として、人間（株主・経営者・働き
手）の意識と行動を規定し、人間を振り回すことになるのと同様に、機械は、
労働の軽減ではなく、労働強化と労働時間の延長を可能にさせ、労働の単純化
に伴う安価な労働力の追求、賃金の低廉化を生じさせます。

このような「物」の動きと機械（AI）の資本主義的な使用は、項目【11】【12】【61】【64】で示した商品の物神性や貨幣の物神性、資本の物神性と関連しますので、その動きを把握するうえでの「軸」となる見方として、マルクスの「1861-63年草稿」から、①②の文を引用します。

①「労働者の労働の創造的な力が、資本の力として、他人の力として、彼に対立して確立されることで、彼は貧困化せざるをえない。」（MEGA. II/3.1, S. 143）

②「機械は、自立をめざす労働のどんな要求も打ち砕くための、資本の形態、資本の手段、労働を支配する資本の力として現れる。」（MEGA. II/3.1, S. 312）

①の文は、労働者が多くを生産し、生産力をあげることに寄与しても、その成果が「資本の力」として、生み出した労働者と対立する関係を示したものです。これが、「疎外された労働」や「人間疎外」という関係です。それは、人間によって生み出される「物」が、生み出す人間とは「疎遠な力」として対立し、疎遠な関係になることを意味します。また、「資本の力」を増大させる担い手でありながら、その増殖運動から排除され、疎遠になるという意味での「精神的貧困」が蓄積され、貧困化することが示されています。②の文は、①と同様に、資本の一部分となる機械が、「資本の力」として働き手と対峙する関係が示されています。この関係は、機械が、AIに進化しても当てはまります。

AIの研究開発には、国家および民間で莫大は資金が投入されています。それは、国家の場合に、軍事目的や国民の監視システムへの利用目的としての開発が考えられ、民間の場合は、資本主義的な利用目的での開発になります。また、「社会主義」を標ぼうする「国家資本主義」体制におけるAIへの投資も盛んですが、その資金は、「資本の力」と「政治力」で結ばれています。地位の保全をはかるための監視システムとしてのAIの活用であれば、それは、人権侵害以外の何ものでもなく、それだけでも「社会主義」の名に値しないことが示されます。

機械の資本主義的使用による弊害は、歴史的には工場法の設立などのように、労働強化や労働時間の延長、女性・児童労働の規制などで解消する方向性が示されました。同じように、AIの資本主義的な使用についても、適正な規制が求められます。

X

『資本論』の
読み方について

【70】『資本論』は、
　　どのように読めばよいのですか。

一言 ブレない「軸」を求めて、
こだわりを持って読むことが、カギになります。

『資本論』をどのように読めればよいのか、という問いにたいして、答える資格があるのかどうかは非常に悩ましいところです。ただ、学生時代に『資本論』と出会い、もうすでに45年以上もの付き合いになりますから、多少その付き合い方にも、「コツ」があるのではないかと思えるようになりました。それが、「ブレない〈軸〉を求めて、こだわりを持って読む」ということです。

「こだわりを持つ」ことは、問題意識を持って『資本論』を読むことですが、問題意識を持ったとしても、その問題について、どこをどのように読めば、問題解決の糸口がつかめるのか、といったさらなる問題に出くわすかもしれません。また、『資本論』自体が難解で、1段落分を読んで内容を理解しようとするだけでも、疑問箇所が山積する場合がありますから、まさに難攻不落な城攻めをするような、また山でしたらエベレストの登頂を目指して歩み出すような覚悟が必要になります。『資本論』を読むことは、そのように「大げさ」に考えない方がよいかもしれませんが、「大げさ」に考えた方がよいこともあります。ここにも、「対立物の統一（＝矛盾）」による発展という弁証法的思考が入りますが、これも、『資本論』の賜といえます。そこで、その付き合い方のコツについて、「ブレない〈軸〉」と「こだわり」に焦点を当てて考えてみます。

（1）ブレない「軸」と宝探し

ブレない「軸」を一言でいえば、それは、自分自身です。自分探しといってもよいかもしれません。「自分は何者なのか」を探求することは、一生ついてまわります。そのための思考の道具探しが、ある意味では、宝探しになります。私事ですが、自分探しの過程で、アダム・スミスの「利己心と同感」に共感し、スミス関連の本を読みあさったことがあります。利己心旺盛な自分自身をどのように捉えるのか、その探求でした。自分自身の探求ですから、自分の存在が前提です。そのことが、唯物論につながります。しかも、いまでもそうですが、とくに青春時期は、悩み事がたっぷりありました。学生時代は、常に悩みを抱えて葛藤しながら生きているような状況でしたから、そのような自分をどのように捉えればよいのか、さらに悩むという繰り返しでした。そこで、手に入れた思考の道具が、弁証法です。「悩むことで成長する」という考えが、自分を活かすための「軸」になりました。唯物論的弁証法といえば、まさにマルクス

X

121

『資本論』の読み方について

ですから、自分探しの行き着いた先が、『資本論』になります。45年以上もの付き合いができるのは、自分自身との相性のよさかもしれません。

　読み方のコツといえるかどうかわかりませんが、自分との相性があるかどうかを常に考えながら読むという手があります。『資本論』の、難攻不落といわれるはじめの「章」あたりで、自分とは相性が合わないと思うことがあるかもしれません。しかし、あきらめずに相性探しを続けるうちに、味わい深さに気づくこともあります。『資本論』は、何度読んでも、そのたびに新たな発見がありますから、自分自身との相性をはかる発見ができるチャンスもあります。とにかく最後まで読んでみなければ、自分との相性があるかどうかを判断することはできません。お城を攻略する達成感は別として、山の頂上に立つ充実感とその景色を堪能する満足感は味わえます。そのうえで、『資本論』と自分との相性を考えるのも、一興です。

(2)「こだわり」と『資本論』

　「こだわり」を持つことは、問題意識を持つことだといいましたが、それは、けっして難しいことではありません。問題は、何に「こだわる」のかということです。それは、やはり自分自身、あるいは自分探しになります。

　「こだわり」と『資本論』との関係を考えるうえでの参考材料として、私の「こだわり」と『資本論』との関係を、例示として紹介します。私の場合は、貧困、悩み、葛藤、労働、価値、社会的な力、人間経済学という、自分探しのテーマが、すべて『資本論』と重なります。

　『資本論』との出会いは、学生時代ですが、それを受け入れる素地は、子供の頃からの生活そのものによってつくられました。貧しいながらも、農家ですから、お米と野菜だけはありました。しかし、筋金入りの貧乏生活でした。家族は、朝早くから日が暮れるまで畑に出て、夜は家の中で作業をする毎日ですから、子供ながらに、親が一生懸命に働いてくれていることは、十分すぎるほどわかりました。それでも、なぜ貧乏なのかが、子供の頃からの疑問でした。その疑問に答えてくれたのが、『資本論』です。『資本論』を読みながら、弁証法的思考にも出会えましたので、悩み多き青春時代は、『資本論』と弁証法で明け暮れたといってよいかもしれません。『資本論』を読みながら、労働と価値との関係に「こだわり」を持ったことが、研究者の道を拓いたといえます。その労働と価値との関係の探究は、商品の価値を「社会的な力」と捉えることで、その姿が価値の権化である貨幣と価値の自己増殖運動体として捉えられる資本を、「社会的な力」で結びつけることができないかという発想につながりました。この労働と価値、「社会的な力」のつながりについての「こだわり」が、

『資本論』に至るマルクスの理論形成をたどる「草稿」研究に誘いました。この「こだわり」によって、40年以上もの時を経て、ようやく自分なりに納得できる解釈ができるようになった『資本論』の叙述箇所があります。それは、「社会的な力」に関する、つぎの①と②の文章です。

①蓄蔵貨幣に関する叙述箇所（下線は、鳥居）

「貨幣は、それ自身商品であり、誰の私有物にでもなれる外的な物である。こうして、<u>社会的な力</u>が、<u>私人の私的な力</u>になる。」(KI, S. 146, ① pp. 222-223)

②一般的利潤率の傾向的低下法則に関する叙述箇所（同上）

「資本の蓄積の増大は、資本の集積の増大を含んでいる。こうして<u>資本の力</u>、すなわち現実の生産者たちに対立する社会的生産諸条件の自立化（中略）が増大する。資本は、ますます資本家をその機能者とする<u>社会的な力</u>として、また個々の個人の労働が創造しうるものとはもはや全く何の関係を持たない<u>社会的な力</u>として現れる。しかし、資本は、物として、――またこのような物による<u>個々の資本家の力</u>として――社会に対立する、疎外され自立化された<u>社会的な力</u>として現れる。資本の姿で現れる一般的な<u>社会的な力</u>と、このような社会的諸生産条件を支配する<u>個々の資本家たちの私的な力</u>との間の矛盾は、ますます激しいものに発展してゆき、この関係の解体を含むことになる。」(KIII, S. 274, ⑨ pp. 449-450)

①と②で共通することは、「社会的な力」と「私的な力」との関係です。長年にわたって、この「社会的な力」について、「こだわり」を持って解釈を試みてきましたが、「私的な力」との関係を見落としてきました。この価値に関わる「社会的な力」の捉え方は、人間が意識できるかたちで表現したものですから、本来は、学術的に探究する対象ではないかもしれません。研究者仲間からは、「社会的な力」への「こだわり」に疑問を持たれたこともあります。しかし、「こだわり」ですから、仕方ありません。

②の叙述箇所については、項目【4】で示したような資本主義の基本的矛盾に関する叙述箇所として、「社会的な力」と「私的な力」を生産の社会的性格と取得の私的資本主義的形態との矛盾として捉えてきました。その解釈は、間違いではないのですが、「社会的な力」と「私的な力」との関係は、もう少し深い意味があるのではないかと考え続けてきました。それは、「力」という捉え方が、人間が意識できるかたちとしての表現ですから、抽象的な関係を表す方法としての意味があるのではないかという「こだわり」でした。商品の「交換力」、貨幣の「交換力」や「購買力」、資本の「増殖力」は、社会的に生み出されるものでありながら、それが、個人の所有物になることで、「私的な力」としての

影響力を持つことになります。「社会的な力」を「私的な力」として持つことから生じる問題は何かを考えることで、資本主義の矛盾やそれに関わる諸問題が、より具体的なかたちで示されるのではないかという考えが、現代資本主義の諸問題を見る目につながっています。

　最後に、もう1つの自分探しのテーマである、人間経済学に触れます。このことは、自分が何のために経済学を学んでいるのかを考える際の「こだわり」に関係します。人間経済学を、どのように表現すればよいのか、いろいろと試行錯誤した跡が、自分のノートを見て確認することができます。「人間のための経済学」、「人間愛経済学」、「ヒューマンエコノミー」などなど、その呼び方は様々です。その内容は、人間の基本的人権に「こだわる」経済学です。自分自身も含めて、人間とは何かを考えることが、ブレない「軸」となります。また、そのことを考える際のブレない「軸」は、人間の基本的人権の考察によって与えられます。

　時の流れを読むのは、自分自身です。そのためのブレない「軸」をつくるのも、自分次第です。『資本論』は、それを手助けするための最適なナビゲーターになります。

項目解説

　本書は、10の大項目と70の項目によって構成されています。70項目のそれぞれで、「なるほど」と納得してもらうための説明を試みていますが、必ずしも十分に納得しうる内容になっていないとすれば、それは、70項目全体で示す画像が不鮮明なことに起因するかもしれません。70ピースで構成されているジグソーパズルの絵は、マルクス経済学であり、時の流れを読む経済学ですが、70ピースを組み合わせてみなければ、その全体像がつかみ難いという欠点があります。その欠点を補うために、この項目解説をもうけました。また、その欠点を補うだけではなく、方程式の解き方を解説するのと同様の効果が期待できるという思惑もあります。問題として出される方程式を解いたあとで、解き方を確認することが、さらなる応用問題にチャレンジする土台づくりになるものと考えます。そこで、全体像を把握するだけではなく、その活用を考え、10の大項目と70の項目で描くマルクス経済学を、2つの視点（「項目の体系的なつながり」と「時の流れの読み方」）で確認します。その際に、大項目Ⅰと大項目Ⅹは、体系の「はじめ」と「おわり」に当たることから、主に大項目Ⅱ～Ⅸについて、その体系的なつながりを示すことにします。

●**項目の体系的なつながり**

　体系化は、個々のものが相互に連関して統一した全体を形成することです。本書でいえば、10の大項目、70の項目が相互に連関しながら1つの学問的な「まとまり」を持たせることと捉えられます。それを、(1) 資本の運動の記号表記によるつながり、(2) 労働視点によるつながり、に分けて確認します。

(1) 資本の運動の記号表記によるつながり

　項目【64】で、つぎのような記号表記で諸資本の関係を示しました。

産業資本

利子生み貨幣資本　　　　　　　　利子生み貨幣資本

産業資本と商業資本、利子生み貨幣資本の関係を示す記号表記に関わる、大項目（II〜VIII）のつながりを、①〜⑤にわけて確認することにします。

①資本の運動と諸関連は、貨幣 G、商品 W、価値増殖分を含む商品 W′、価値増殖分を含む貨幣 G′、増殖分 ΔG（デルタ G）で示されますので、それらは、基本的に貨幣 G と商品 W との関係で捉えられます。そのように、記号で資本の運動を表すことの意義は、2つあります。1つは、自己増殖する価値の運動体としての資本（産業資本）とその運動を補完する資本（商業資本と利子生み貨幣資本）との関係が明示されることです。記号で示されるように、人間生活の基盤となる社会的富としての価値（財）を増殖させる産業資本が主役で、商業資本や利子生み貨幣資本が脇役であるはずですが、産業資本の価値増殖の命運は、入口（利子生み貨幣資本）と出口（商業資本）に左右されます。商業資本の運動も、利子生み貨幣資本に左右される関係にあります。このような主客転倒関係は、価値増殖の担い手である労働者が、労働の成果から疎遠な関係に置かれることの延長線上に位置します。この点は、2つ目の意義と関連します。それは、記号表記が「物」の動きからの人間疎外を表している点です。資本の運動に関わる人と人との関係を介在させることなく、「物」（商品 W、貨幣 G、資本 G—W—G′）の動きが記号表記できることに、「物」の性質が端的に示されています。項目【11】【12】で、商品の物神性、貨幣の物神性、資本の物神性を問題としましたが、そのような性質を反映させる記号による「物」の動きの表記は、大項目 II〜IX で示される商品、貨幣、資本の性質として一貫しています。

②商品 W と価値増殖分を含む商品 W′ に関しては、大項目 II の商品とは何かを踏まえた、大項目 IV と大項目 V とのつながり（労働力商品 W の使用価値と価値との関係から導き出される資本の価値増殖の解明）が示されます。

③貨幣 G と増殖した貨幣 G′ に関しては、その具体的な姿そのものが価値の権化となって発揮される「交換力」、「購買力」を持つ貨幣 G の性質の解明（項目【10】では、貨幣にその「力」が与えられる経緯の考察、【11】では、貨幣にその「力」が与えられる根拠の考察）を踏まえ、大項目 III で、その「力」を持つ貨幣の機能を検討したうえで、労働力商品を含む商品 W と価値増殖分を含む商品 W′ との関連で、産業資本の価値増殖（大項目 IV）とその運動の拡大される規模での繰り返し（大項目 VI）が解明されるという、つながりが示されます。

④大項目 VI までは、社会全体の資本の運動 G—W—G′ を産業資本の運動として捉え、価値増殖とその拡大された規模での増殖運動の仕組み（労働に関わ

る本質的な価値増殖関係）が考察対象でした。それを踏まえて、大項目VIIでは、より具体的な資本の運動が考察可能となり、個々の産業資本の競争による一般的利潤率の形成とそれに関わる法則が導き出されました。

　⑤大項目VIIでの一般的利潤率の形成を踏まえて、剰余価値の分化形態としての商業利潤 ΔG2 や利子 ΔG3 や ΔG4 が商業資本、利子生み貨幣資本の増殖運動とどのように関わるのかが、大項目VIIIでの考察課題となっています。

（2）労働視点によるつながり

　記号表記では、人と人との関係は、表面化しませんが、表面化しない人と人との関係が、資本の運動を考察するうえでは、重要な意味を持ちます。それは、大項目I〜Xに一貫して示される労働重視の視点です。この記号表記で示されない労働の見方に関する「まとまり」を簡単に示します。

　項目【8】で考察したように、労働には、具体的有用労働と抽象的人間労働があります。項目【9】【10】で検討したように、労働と価値との関係が問われます。具体的有用労働は、産業資本であれば、機械や原材料などの生産手段の価値を新たな生産物に移転します。商業資本や利子生み貨幣資本では、剰余価値を商業利潤や利子に転化させる役割を担います。抽象的人間労働は、産業資本で価値形成、価値増殖の役割を担います。労働と価値との関係は、この実体経済に関わる領域までで、利子生み貨幣資本の独自の運動に関わる価値は、労働には関わりがなく、信用によって創造され、膨らまされることになります。労働に基づく価値実体がないという意味では架空で、実体がありませんから、膨らますというよりもむしろ CG コンピュータグラフィックスで創造するような価値創造と考えた方が的を射ているかもしれません。しかし、その価値も、労働によって生み出されようと、信用によって創造されようとも、例えば、1兆円の「力」として表現されれば、同じ「資本の力」としての影響力を持つことになります。このような労働と価値、あるいは信用と価値に関わる体系的なつながりは、項目【8】【23】【26】【61】【62】【64】【65】【69】【70】で確認することができます。

●時の流れの読み方

　大項目Iと大項目X（項目【70】）で、時の流れを読む場合に、ブレない「軸」を持つことが肝要であることを示しました。ブレない「軸」となるのは人間自身になりますが、そのための見方や考え方を形成する道具が必要であることも示しました。その点を確認しておくことにします。

　時の流れは、人間社会の歴史的な流れ（発展）になります。人間社会の歴史的な発展については、項目【2】の人間社会の発展法則を示した［図］のように、

資本主義も、人間社会の発展過程の1つの過程と位置づけられます。物事を発展・変化するものと捉える弁証法に照らせば、[図]に示される法則も、発展・変化するかもしれませんから、時の流れを読む場合は、その法則が当てはまるかどうかを検討するという課題があります。また、資本主義は、資本主義としての独自な発展・変化が見られます。項目【63】で、現代資本主義の定義を示しましたが、産業革命がはじまる時期の資本主義と現代資本主義とでは、資本蓄積の仕方が質的にも量的にも異なります。資本主義は、今後どのように発展するのかが問われます。その1つの指針は、資本主義の基本的矛盾が質的な変化をしながらも、どのようなかたちで現れるのかを明らかにすることによって与えられます。その点は、項目【4】と項目【66】で確認することができます。資本主義の基本的矛盾は、資本主義の制限性を示すものとなります。その制限性への対処の仕方は、2通りです。1つは、資本主義の枠内で一時的に克服する道です。それは、恐慌や世界金融危機などの急激な調整によるショック療法による一時的な克服か資本の動きの政策的な規制に基づく一時的な克服の道です。2つ目は、働き手を中心とする資本主義の変革主体が、資本主義の基本的矛盾そのものを生み出さない体制変革へと導く道になります。

項目【69】で取り上げた映画『A. I.』の結末は、2000年後の地球では人類が滅亡しているという想定です。資本による際限のない「増殖力」の追求が地球の温暖化を急速に進めている現状を考えれば、2000年もの歳月を待たずに、資本主義の変革よりも先に、地球の温暖化による人類存亡の危機が生ずるかもしれません。地球の温暖化の原因となる温室効果ガスの排出規制は、1997年の「気象変動に関する国際連合枠組条約の京都議定書」（いわゆる「京都議定書」）に代表されるような国際的な取り組みとして、その必要性が示されています。しかし、地球の温暖化に関わる異常気象に伴う災害によって、すでに多くの人々がその脅威にさらされています。地球温暖化の問題は、資本という「物」の運動に支配される経済活動を人間が制御できるのかどうか、そのことが問われる試金石になります。人類の存亡に関わる地球環境の問題は、資本主義の枠内で解決できるのか、それとも、資本主義に固執しない人間社会の発展・変化に伴う解決の道を考えるのか、その選択を迫る問題にもなります。時の流れを読む経済学の真価が発揮されるのは、まさにこれからです。

あとがき

　70の項目を書き終えて、その1つ1つの内容を振り返れば、『資本論』を中心とするこれまでの研究に際して、いかに多くの恩師のお世話になったのかを、しみじみと噛みしめざるをえません。

　中央大学経済学部に入学した際には、経済学の基礎をしっかり学ぼうという思いから、「経済学入門」ゼミに入ゼミしたことが、和田重司先生との出会いでした。和田先生からは、アダム・スミスとマルクスを学ぶ切っ掛けを与えていただき、さらには、他学部の有名な先生の講義を受けるようアドバイスを受け、商学部の鶴田満彦先生や呉天降先生の授業を受けたことが、今日の研究の支えとなっています。

　大学院時代以降の恩師は、すでに他界しておられますので、感謝の意を伝える術はありませんが、唯物論者であることに目をつむって、学恩への感謝の気持ちを綴ることにします。大学院での指導教授の副島種典先生からは、マルクス草稿MEGAの研究をすすめられ、そのことによって、研究者としての道が拓かれました。また、山本二三丸先生からは、『資本論』の読み方を教わり、「社会的な力」と人間経済学への「こだわり」にたいする切っ掛けを与えていただきました。愛知大学での経済学博士第1号となる論文の主査となっていただいた門屋英二先生からは、学問上の教えだけではなく、医学学生のためにと献体された生き方を学ばせていただきました。

　横浜国立大学の前任者である本間要一郎先生からは、独占資本主義について、多くを学ばせていただきました。また、母校中央大学に赴任してからは、論戦相手になっていただいた米田康彦先生の学恩を忘れることはできません。論戦相手と考えていたのは一方的で、思い上がりでした。足元にも及ばない偉大な経済学者で、しかも人格者と一緒に仕事ができたことを、いまでも誇りに思っています。

　名前を挙げればきりがないほどの先生方の学恩を受けて、70項目の内容を書き上げることができましたが、その内容に関する不備や問題点は、すべて筆者の責任によるものです。

本書の執筆の切っ掛けを与えてくれた中央大学大学院経済学研究科の大学院生、前原ひとみさん、吉村さくらさん、菅野啓一さんには、この場を借りて、感謝いたします。

　感謝といえば、親の介護をしたいという身勝手な「こだわり」から、神奈川の家を売って豊橋に戻り、20年以上も東京の職場と愛知の自宅との（週1での）往復生活を支えてくれた家族、とりわけ妻の智子には、親の介護の労をねぎらうとともに、ここに感謝の意をしるす次第です。

　最後になりましたが、このような書き物の出版を相談した際に、快くお引き受けいただき、70の項目執筆を、温かく見守っていただいた桜井書店の桜井香氏に、あらためてお礼申し上げます。

2020年2月8日
鳥居伸好

鳥居伸好……とりい・のぶよし

1955年　愛知県豊橋市生まれ
1979年　中央大学経済学部卒業
1989年　愛知大学大学院経済学研究科
　　　　博士後期課程修了
　　　　経済学博士
1989年　横浜国立大学教育学部
　　　　専任講師
1990年　横浜国立大学教育学部・
　　　　大学院教育学研究科助教授
1998年～　中央大学経済学部教授
2006～2008年　韓国・高麗大学招聘教授
2021年～　中央大学副学長

● **主な著書**（共編著・共著）

『現代日本資本主義』（共編著）
中央大学出版部，2007年
『グローバリゼーションと日本資本主義』（共編著）
中央大学出版部，2012年
『現代資本主義と労働価値論』（共著）
中央大学出版部，2000年
『《学説史》から始める経済学』（共著）
八朔社，2009年
『グローバル資本主義の構造分析』（共著）
中央大学出版部，2010年

なるほどマル経
時の流れを読む経済学

発行日
2020年4月15日　初　版
2023年8月31日　第2刷

著者
鳥居伸好
装幀＋本文フォーマットデザイン
加藤昌子
発行者
桜井 香
発行所
株式会社 桜井書店
東京都文京区本郷1丁目5-17 三洋ビル16
〒113-0033
電話　(03)5803-7353
FAX　(03)5803-7356
http://www.sakurai-shoten.com/

組版＋印刷＋製本
株式会社 三陽社

ISBN978-4-905261-45-2　Printed in Japan

大谷禎之介▷著

資本論草稿にマルクスの苦闘を読む

『資本論』第2部第8稿全文とその関連資料を収録

A5判上製 定価7000円＋税

大谷禎之介▷著

マルクスの 利子生み 資本論 [全4巻]

第1巻	利子生み資本
	A5判上製 定価6000円＋税
第2巻	信用制度概説
	A5判上製 定価5600円＋税
第3巻	信用制度下の利子生み資本［上］
	A5判上製 定価8200円＋税
第4巻	信用制度下の利子生み資本［下］
	A5判上製 定価7500円＋税

大谷禎之介▷著

マルクスのアソシエーション論

未来社会は資本主義のなかに見えている

A5判上製 定価5200円＋税

大谷禎之介▷著

図解 社会経済学

資本主義とはどのような社会システムか

A5判上製 定価3000円＋税

桜 井 書 店
http://www.sakurai-shoten.com/